Handmade Bookbinding

はじめて
手でつくる本

ハードカバーから豆本、手帳、
アルバム、名刺入れまで

ヨンネ 著

X-Knowledge

はじめに

「本をつくる」というと
文章やイラストなどを編集して本を出版する
と、イメージする方も多いと思います。
本づくりには、原稿作成、編集、デザイン、校正、印刷、製本など
さまざまな工程があります。
この本は、その製本の部分を取り出し
手づくりで本をつくってみよう、という手製本の本です。

本屋さん、古本屋さん、図書館などで
手に取って読んでいる本の多くは、機械で製本したものです。
手製本は、そんな見慣れた本とは異なり
自分の綴じたいもの、形にしたいものを、自由に本にします。

集めていた紙や散らばった紙を糸で綴る。
自分で選んだ紙と布で、絵本や詩集を製本する。
思い出の写真をアルバムにまとめる。
文庫本を改装して大切な1冊に仕立てる。
好みの布を表紙にしたノートや手帳を制作する。
サイズを小さくして豆本をつくる、など。

料理や裁縫、工作などと同じように、生活の中に取り入れて
気負わずに手製本を愉しんでいただけるように
基本的な技法に加え、アレンジしたつくり方など
手製本をはじめるきっかけになるようなものを集めました。

まずは気になるものからつくって、本づくりを感じてみてください。
意外に簡単、なかなか難しい、面白い、楽しい……。
本の構造がわかってくると、あれもこれもできるかも?
と、文字や絵、紙や布などの素材、本の形への想像が膨らみます。

言葉、音、風景、思い出、日々の小さなこと、
馴染みのあるもの、発見のあるもの、隠しておきたいこと。
なんでも綴じ込むことができます。
手を使い、紙を切って、折って、綴って、本をつくる、手製本。
新しい本との出会いがありますように。

ヨンネ

CONTENTS

Chapter 1
きほんの本づくり

- 6 　一折中綴じの本
- 16 　和綴じの本
- 26 　一折ハードカバーの本
- 34 　複数折ハードカバーの本
- 42 　リボン背の本

Chapter 2
表紙をかえてオリジナルをつくる

- 52 　文庫本の改装
- 58 　手帳の改装

Chapter 3
思い出を綴じる

- 66 　アルバム
- 74 　アコーディオンアルバム
- 80 　トラベラーズノート

Chapter 4
本づくりのテクニックで小物をつくる

- 90 　夫婦箱の名刺入れ
- 96 　切手入れ豆本
- 102 　革装豆本のアクセサリー

Chapter 5
素材をそろえる

- 110 　紙えらびのたのしみ
- 112 　布えらびのたのしみ
- 113 　裏打ち布のつくりかた
- 116 　すてきな素材に出会えるショップリスト

Chapter 6
本づくりの基礎を知る

- 118 　本のつくりとその名前
- 120 　本づくりに必要な道具
- 124 　知っておきたいテクニック

参考文献
『いちばんわかる手製本レッスン』井上夏生、2012年（スタジオタッククリエイティブ）
『デジタル技術と手製本』坂井えり、2007年（印刷学会出版部）
『これならできる！みんなの教科書 刺しゅう きほんの基本』立川一美・堀越綾子、2014年（高橋書店）

Staff

撮影	小野田陽一、宮本亜沙奈
デザイン	monostore（日高慶太、小笠原菜子）
DTP	エムアンドケイ
編集協力	㈱スリーシーズン（荻生彩）
編集	別府美絹（x-knowledge）

[Chapter 1]
きほんの本づくり

「本」と聞いて思い浮かぶのはこのシンプルな形ではないでしょうか。
一折中綴じからハードカバーまで、基本テクニックでつくることができる本を紹介します。

一折中綴じの本
Saddle Stitch

一折の冊子状の本。
ノートやカタログ、パンフレットにもなります。

表紙をめくると、すぐに本文用紙がくるシンプルなつくりです。

綴じ方を変えるだけで背の表情が変化します。
左から、コーチングステッチ、チェーンステッチ、パンフレットステッチ、ツイストステッチ。

一折中綴じの本

Finished

210mm
130mm

材料

- 本文用紙（ファーストビンテージ 69kg）：A4/ Y目 / 8枚
- 表紙用紙（ファーストビンテージ 103kg）：A4/ Y目 / 1枚
- かがり用糸：麻糸（ラミー 20/3）

※糸の長さはステッチによって異なります。目安として天地の4倍以上の長さを用意します。

POINT　4つのかがり方で違った印象に

一折中綴じの本は紙をまとめて糸でかがっただけのとてもシンプルな構造です。基本の中綴じというかがり方をパンフレットステッチとして紹介します。応用編として、P.11からのツイスト、コーチング、チェーンステッチも楽しんでみてください。

パンフレットステッチのかがりかた

一折中綴じの基本的なかがり方です。

step 1 折り丁をつくる

1
本文用紙と表紙用紙の天地をそろえます。写真の矢印は紙の目を表します。紙の目は天地に平行になること（P.125参照）。

2
まとめて、半分に折ります。ヘラを使って天地がずれないように折りましょう。小口側は少しばらついてもかまいません。

3
糸を通す穴の位置を決めます。本文ののど側から写真のように5ヵ所の印をつけます。

4
印をつけたところに目打ちを置きます。

5

紙をたたんでから目打ちを刺して背に出し、穴をあけます。

6

3でつけた印の順（①〜⑤）に穴をあけていきます。紙がずれてしまう場合には、①の穴に目打ちを刺したまま、もう1本の目打ちで他の4カ所をあけましょう。

7
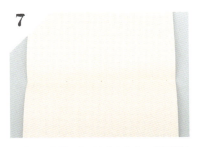
のどに5カ所の穴があきました。背は折り山の中心に穴があいています。

step 2
綴じる

8

針穴に糸を通して10cmほど糸を出します。ここでは、太い糸の留め方を紹介します。

9

10cmほど出した糸の撚りをねじって戻し、その間に針先を通します。

10
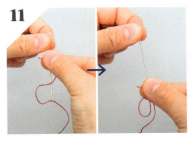
さらにもう一度、糸の間に針先を通して、Sの字をつくります。

11

針の先端をもち、そのまま針の根元へおろします。

12
針にからまった糸が、長い糸の方へからまります。

13
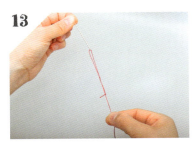
さらに、長い方の糸を引っ張って、針穴の方へからまった2カ所を近づけます。

14
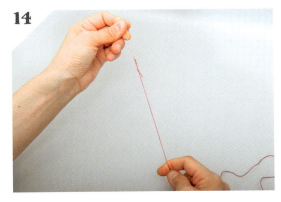
引っ張りきると針穴の下で糸が留まります。糸のかたまりがないように指で整えましょう。ここまでが、太い糸の留め方です。

15

糸を通した針でかがります。①の穴にのど側から針を通します。

16

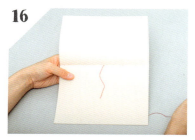

糸を背に出したら、10cmほど糸を残しておきます。

17

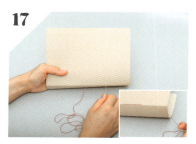

⑤の穴に背側から糸を通します。糸を背に平行に引きながら綴じ進めます。

18

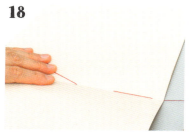

③の穴にのど側から糸を通します。

19

⑤の穴へ戻ります。背側から糸を通します。

20

④の穴にのど側から通します。

21

②の穴に背側から糸を通します。

22

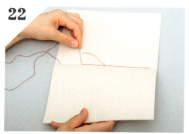

④の穴にのど側から糸を通します

23

①の穴に背側から糸を通します。

24

①の穴に戻りました。はじめに残しておいた糸と出てきた糸を、④から⑤に渡っている糸にはさんで、結びます。

25

残った糸は好きな長さにはさみで切ります。

26

背をヘラで押さえて整えます。

step 3
小口を化粧裁ちする

27 カッターマットのマス目に、天と背の直角部分を合わせます。本の左右幅が130mmになるように小口側を切ります。金物定規をカッターマットのマス目に合わせて置きましょう。

28 金物定規をしっかりと押さえます。カッターを持つ手には力を入れすぎないようにし、1枚ずつ切る感覚で切りましょう（P.124参照）。化粧裁ちして完成です。

ツイストステッチのかがりかた

ぐるぐると糸をよじりつけたような背になるのが印象的なツイストステッチです。

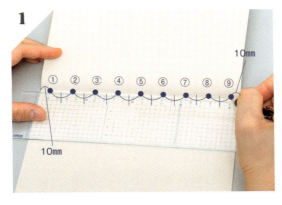

1 P.8の**1**、**2**の手順で1折り用意します。P.8の**3**と同じように印を5カ所つけます。その5個の印の間にもさらに印をつけて、全部で9カ所の穴をあけます。

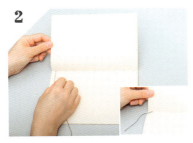

2 針に糸を通します（通し方はP.9の**8**〜**14**参照）。①の穴にのど側から糸を通し、10cmほど糸を残します。

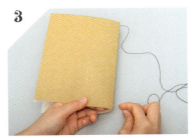

3 ⑨の穴に背側から糸を通します。

4 ①から⑨の穴に糸が渡りました。

5 ⑧の穴にのど側から糸を通します。

6 背に出てきた糸を、渡った糸の下にくぐらせます。

7 4回ほどくぐらせると、糸がくるくると巻きつきます（ツイスト）。①で残した糸が抜けないように、手で押さえておきましょう。

⑦の穴に背側から糸を通します。糸を引くと、ツイストがしっかりと固定されます。

⑥の穴にのど側から糸を通します。

7 と同じ手順でツイストさせ、⑤の穴へ背側から糸を通します。

④、③、②、①の順番に穴へ糸を通しながら、背側でツイストするとツイストが4つできます。

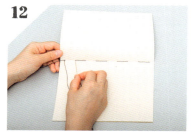

②の穴にのど側から糸を通します。

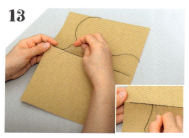

7 と同じ手順でツイストさせ、③の穴へ背側から糸を通します。

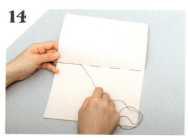

④、⑤、⑥、⑦、⑧、⑨の順に、背側でツイストしながらかがっていきます。

綴じ進めると、最後は⑨ののど側に糸がでます。⑧と⑨の穴に渡っている糸の下に、針をくぐらせ、輪をつくります。

輪の中に針を入れて糸を引きます。

しっかり糸を引くと結び目ができます。糸を5mmほど残してはさみで切ります。

①の穴も、**15〜17** の手順で結びます。P.11の **27**、**28** と同じように、最後に左右幅を130mmに化粧裁ちして完成です。

コーチングステッチのかがりかた

細い糸と太い糸の2つの糸を使ったステッチ。色の組み合わせをたのしみましょう。

1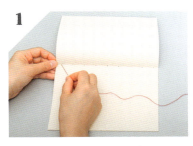
ツイストステッチ（P.11の**1**）と同じように穴を9カ所あけます。①の穴にのど側から糸を通します。別途、太めの麻糸を長さ天地＋10cmほどを用意します。

2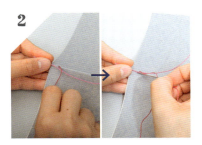
背側に太い糸を渡しておきます。かがり糸を太い糸に2回巻きつけて、①の穴に背側から糸を通します。

3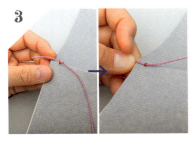
①の穴に、1つの玉ができるように整えます。

4
同じように②の穴にのど側から糸を通して、背側で太い糸に2回巻きつけます。

5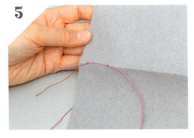
2つの玉ができました。

6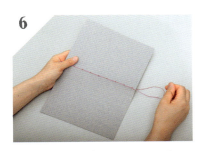
同じ手順で③から⑨まで繰り返します。

7
天地に糸を引っ張ります。かがり糸も太い糸もそれぞれ引っ張り、緩みがないようにします。

8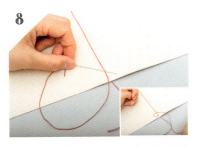
のど側の⑧と⑨に渡っている糸の下に針をくぐらせ、輪をつくります。

9
輪の中に針を入れて引き、糸を結びます。

10
反対側も同じように結び、どちらも糸は5mmほど残してはさみで切ります。

11
太い糸も天地からはみ出ないように切ります。最後にヘラで背を整えたら、P.11の**27**、**28**と同じく化粧裁ちして完成です。

チェーンステッチの
かがりかた

背にチェーンができるようにステッチするので、表紙にあらかじめ背をつくります。

1

H210mm×W265mmにカットした表紙用の紙を用意します。左端から130mmのところに金物定規をあて、ヘラで折り筋をつけましょう。

2

定規を押さえたまま、ヘラで紙を垂直に起こします。

3

定規を外し、ヘラでしっかりと折ります。

4

右端から130mmのところに、同じようにヘラで折り筋をつけ、**2**、**3**と同じ手順で折ります。

5

表紙に5mmの背幅ができました。

6

本文用紙をまとめて半分に折り、左右幅130mmになるように、小口側を化粧裁ちしておきます。

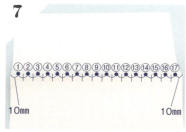

7

のど側から目打ちで穴をあけます。穴の位置は、P.11の**1**と同じ9カ所、さらにその間の8カ所に穴をあけます。全部で17カ所の穴をつくります。

8

表紙の背5mm幅の中央に折り丁をのせて、折り丁と同じ位置に穴があくように印をつけます。

9

スクリューポンチを使って、印をつけた位置に直径1mmの穴をあけます。

10

折り丁と表紙を一緒に綴じていきます。のど側の①の穴に糸を通し、10cmほど残します。

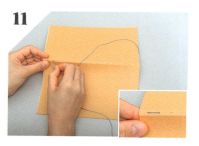

11

背側に糸が出たら、②の穴に背側から糸を通します。

12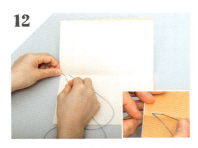
のど側に出てきた糸を①の穴に戻し、背に出た糸は、また②の穴に通します。

13
次に、③の穴にのど側から糸を通し、背に出します。

14
背に出てきた糸を、最初に渡した2本の糸の下にくぐらせます。

15
糸をくぐらせたら、また③の穴に背側から糸を通します。

16
チェーンができました。

17
同じように、④の穴にのど側から糸を通し、背に出します。

18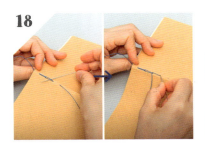
背に出した糸を隣のチェーンにくぐらせ、④の穴に背側から糸を通します。

19
これを繰り返していくと、チェーンがつながっていきます。

20
一番最後までチェーンをつくったら、P.12の**15**と同じように、のど側に渡った糸の下に針をくぐらせて輪をつくります。

21
輪の中に針を通します。

22
しっかり糸を引くと結び目ができます。糸を5mmほど残してはさみで切ります。

23
反対側も同じように糸を留めて切ったら、完成です。

15

和綴じの本
Watoji

古くから親しまれている和装本です。

4種類の綴じ方。
左から四つ目綴じ、亀甲綴じ、
康熙綴じ、麻の葉綴じ。

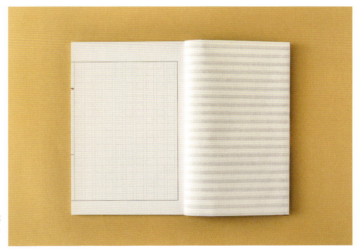

見返しには美濃和紙を。本文は本来和紙を使いますが、洋紙である原稿用紙を使ってみました。

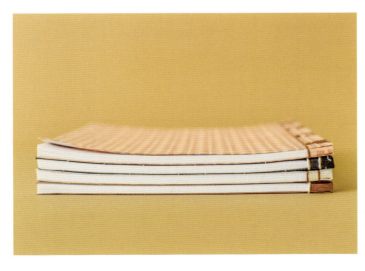

背の隅に見えるのは、
和装本ならではの「角布」。
補強と装飾を兼ねたもので、布で
つくると丈夫になりますが、表紙
と同じ和紙でそろえました。

和綴じの本

Finished
四つ目綴じ

210㎜
149㎜

材料

・本文用紙（原稿用紙）：A4／20枚
・見返し用紙（美濃和紙）：H210㎜×W148㎜／T目／2枚
・表紙用紙（手漉き和紙）：H250㎜×W188㎜／T目／2枚
・こより用の紙（薄くて丈夫な和紙）：H150㎜×W10㎜／T目／2枚
・角布用和紙（手漉き和紙）：H100㎜×W100㎜／1枚
・かがり用糸：刺繍糸（DMC 5番）

POINT 本文用紙に原稿用紙を使い気軽に書き込めるノートとして

和綴じには、様々な種類があります。基本的な「四つ目綴じ」と「康熙綴じ」「麻の葉綴じ」「亀甲綴じ」を紹介します。すべて和紙を使って、ふんわりと軽い仕上がりにすると、つくりやすく本も開きやすくなります。

step 1 本文用紙を折る

1

原稿用紙を1枚ずつ半分にヘラで折ります。これを20枚つくります。

2
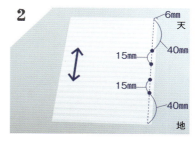
半分に折った本文と同じサイズの見返し用紙を2枚用意します。1枚の見返し用紙の裏に仮綴じの穴の印を、4カ所つけます。

3

見返しを表が内側になるようにして、本文の両側をそろえてはさみます。袋状になった方が小口側です。**2**でつけた印が背側にくるようにしましょう。

4

捨て紙で全体を包み、ずれないようにテープでとめてまとめます。

5

ゴム板（なければ厚い雑誌でも代用可）の上に置き、仮綴じ用の穴の位置に目打ちを置いて、木槌（又は拍子木）を使って叩き、穴をあけます。

step 2
仮綴じをする

こよりをつくります。こより用の和紙を指先でより合わせます。

端まで終わったら、台の上において手の平で押し出すように転がし、さらにしっかりとしたこよりにします。これを2本つくります。

こよりを写真のように穴に通します。通したこよりを2回結び、5mmほど残して、余分なこよりを切ります。もう片方も同じように結んでから切りましょう。

木槌で結び目を叩き、結んだ厚みを平らにします。

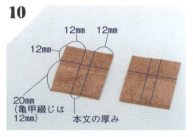

角布をつけます。写真の通りの寸法で3本の線を引いたものを2枚つくります（このサイズは、四つ目、康熙、麻の葉共通、亀甲綴じだけサイズが異なります）。

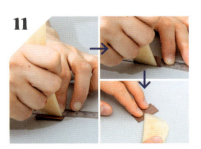

線に定規をあててヘラでなぞり、垂直に紙を起こしてから定規を外して折り目をつけます。3本の線を同じように折ります。

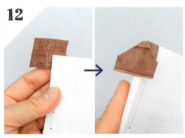

角布の裏に、のりをしっかり塗ります。写真のように線に合わせて、本文天地の角に折ってかぶせます。背の部分は、ななめに折り込んでから、背側を包みます。

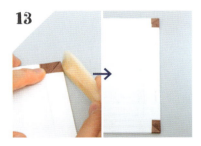

全体をヘラでしっかりとつけます。きちんと本文に沿ってついているか確認しましょう。反対側も同じように作業して、角布を貼ります。

step 3
表紙をつくる

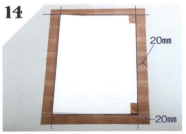

表紙用の紙の上に、本文をのせます。四方のくるみ部分が20mmになるように置きましょう。

本文の実寸の折り筋をつけます。

16 折り筋から紙を直角に起こします。

17 本文を外して、筋に合わせて折ります。

18 四方を同じように折ってくるみます。本文を重ねて、同じ大きさになっているか確認しましょう。

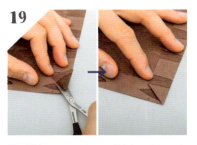

19 折り重なっている角は、紙を起こしてはさみでななめに切ります。ななめの部分が少し重なり、角が飛び出ていなければOK。

20 表紙裏側の背側の方へ、写真のように印をつけます。印に目打ちを刺して、表紙の表から穴が見えるようにしておきます。

21 本文を2枚の表紙ではさんでから、捨て紙で包みます。全体がずれないようにきっちりと包みましょう。穴の位置に目打ちを置き、木槌で叩いて貫通させます。

step 4
綴じる

22 捨て紙を外し、かがり用の刺繍糸を天地の4倍の長さをとり、針に通します。1本どりにし、端を玉結びにします。

23 天から2つめの穴に、背の間から針を入れて裏表紙側へ糸を通します。糸の端の玉結びが本文の中に隠れるように、引っ張ります。

24 背を渡って、同じ穴に表紙側から糸を通します。

25 そのまま隣の穴（地の方向）に裏表紙側から糸を通します。

26 背を渡って、同じ穴に糸を通します。

27
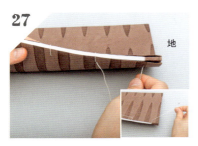
さらにそのまま隣の穴（地の方向）に糸を通し、背を渡って同じ穴に糸を通します。

28

地を渡って、同じ穴に糸を通します。

29
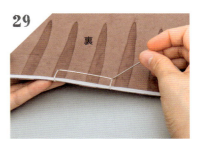
地から2つめの穴に裏表紙側から糸を通します。

30

天から2つめの穴に表紙側から糸を通します。

31

天から1つめの穴に裏表紙側から糸を通し、背を渡って同じ穴に糸を通します。

32

天を渡って糸を通します。

33

天から2つめの穴に表紙側から糸を通します。

34
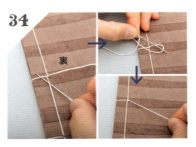
最後は裏表紙側で2本の糸の下に、針を通します。できた輪の中に糸を通して引っ張ると、穴の位置で結ぶことができます。

35
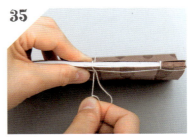
結び目ができた状態で、針先を同じ穴に裏表紙側から入れます。結び目が穴の中に隠れるように引っ張りましょう。

36

表紙側に出てきた糸を、しっかりと引っ張りながら切り、切った端が穴の中に隠れるようにします。

37

仕上げに見返しを貼ります。見返しの下に捨て紙を敷き、小口側だけにのりを塗ります（P.127参照）。

38

捨て紙を外して表紙をかぶせ、小口側を押さえます。反対側も同じように見返しを貼って、四つ目綴じの完成です。

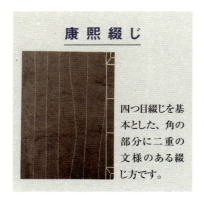

康煕綴じ

四つ目綴じを基本とした、角の部分に二重の文様のある綴じ方です。

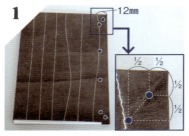

1 四つ目綴じのつくり方で本文と表紙をつくります（P.18の**1**〜**21**参照）。穴の位置は、四つ目綴じと同じ、4カ所プラス2カ所です。

2 糸は天地の5倍の長さをとり、1本どりで端を玉留めします。P.20の**23**〜**28**と同じように糸を通してかがります。

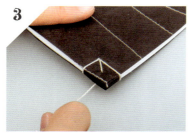

3 角布がある穴に糸を通します。

4 背を渡って同じ穴に糸を通します。

5 地を渡って同じ穴に糸を通します。

6 表と裏の角に同じ文様が完成するように、穴に糸を通します。

7 地から2つめの穴に裏表紙側から糸を通します。

8 天から2つ目の穴に表紙側から糸を通します。

9 天から1つめの穴に糸を通したら、背を渡り同じ穴に糸を通します。

10 天を渡って同じ穴に糸を通します。

11 角布がある穴に糸を通します。

背を渡って、同じ穴に糸を通します。

天を渡って同じ穴に糸を通します。

表と裏の角に同じ文様が完成するように、穴に糸を通します。

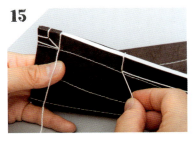

天から2つ目の穴に、表紙側から糸を通します。

裏表紙側に糸が出たら、四つ目綴じと同じように糸を処理します（P.21の34〜36参照）。

四つ目綴じと同じように（P.21の37、38参照）見返しの小口側だけにのりを塗り、表紙と貼り合わせて完成です。

麻の葉綴じ

手ぬぐいなどでもおなじみの伝統的な麻の葉文様をあしらった綴じ方です。

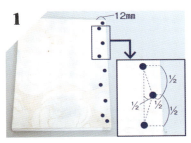

1 四つ目綴じのつくり方で本文と表紙をつくります（P.18の1〜21参照）。穴の位置は、康熙綴じと同じ6カ所（P.22の1参照）プラス3カ所です。

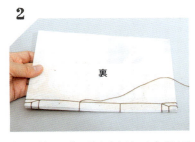

2 糸は天地の6倍の長さをとり、1本どりで端を玉留めします。康熙綴じの15までと同じ手順で進めます。

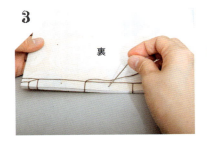

3 写真のように、ななめ隣の穴に裏表紙側から糸を通します。

4 背を渡って、裏表紙側からまた同じ穴に糸を通します。

5 ななめ隣の穴に、表紙側から糸を通します。

23

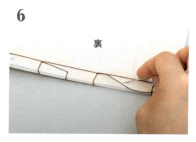

6

さらにななめ隣の穴に裏表紙側から糸を通します。

7

背を渡って同じ穴に糸を通します。

8

地の方へ向かいます。ななめ隣の穴に表紙側から糸を通します。

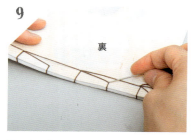

9

天の方へ向かいます。ななめ隣の穴に裏表紙側から糸を通します。

10

ななめ隣の穴に、表紙側から糸を通します。1つめの文様ができました。

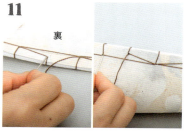

11

さらにもう1つ文様をつくっていきます。ななめ隣の穴に裏表紙側から糸を通し、そのななめ隣の穴に、表表紙側から糸を通します。2つめの文様ができました。

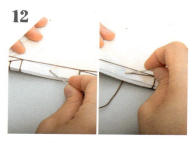

12

3つめの文様をつくります。ななめ隣の穴に糸を通し、背を渡って同じ穴に糸を通します。

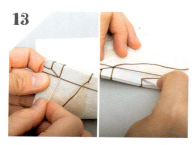

13

ななめ隣の穴に表紙側から糸を通し、またななめ隣の穴に糸を通します。

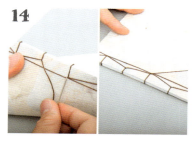

14

最後に表紙側から文様が完成するように穴に糸を通します。四つ目綴じと同じように（P.21の**34～38**参照）糸を処理して見返しを貼り、完成です。

亀甲綴じ

吉祥紋のひとつである亀甲の文様がならぶ綴じ方です（角布のサイズはP.19の**10**参照）。

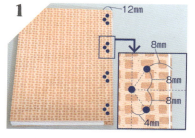

1

四つ目綴じのつくり方で本文と表紙をつくります（P.18の**1～21**参照）。穴の位置は、四つ目綴じと同じ、4カ所プラス8カ所です。

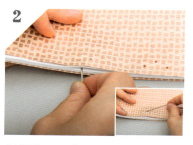

2

糸は天地の4.5倍の長さをとり、1本どりで端を玉留めします。天から2つめの穴に背の間から針を入れます（P.20の**23**参照）。

3

背を渡って、同じ穴に糸を通します。

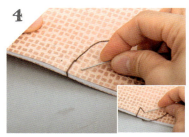

4

ななめ隣の穴に糸を通し、背を渡って同じ穴に糸を通します。

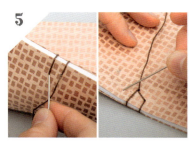

5

はじめの穴に表紙側から糸を通し、ななめ隣の穴に裏表紙側から糸を通します。

6

背を渡って、同じ穴に裏表紙側から糸を通し、はじめの穴に表紙側から糸を通します。

7

亀甲の文様が1つできました。さらに隣の穴に裏表紙側から糸を通したら、3〜6と同じように糸を通して、もう1つ亀甲の文様をつくります。

8

隣の穴へ糸を通して、3つめの文様をつくります。

9

地に糸を渡し、同じ穴に糸を通します。

10

隣の穴へ糸を通し、2つめと3つめの文様をつなぎます。

11

さらに隣の穴へ糸を通し、1つめと2つめの文様をつなぎます。

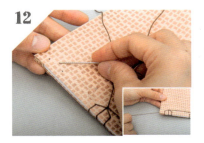

12

天側の文様をつくります。

13

文様をつくったら天に糸を渡し、天から1つめの穴に通します。

14

隣の穴に糸を通し、亀甲の文様をつなぎます。最後は四つ目綴じと同じように（P.21の34〜38）糸を処理して見返しを貼り、完成です。

一折ハードカバーの本
Hardcover Book
一折中綴じをハードカバーに仕立てました。

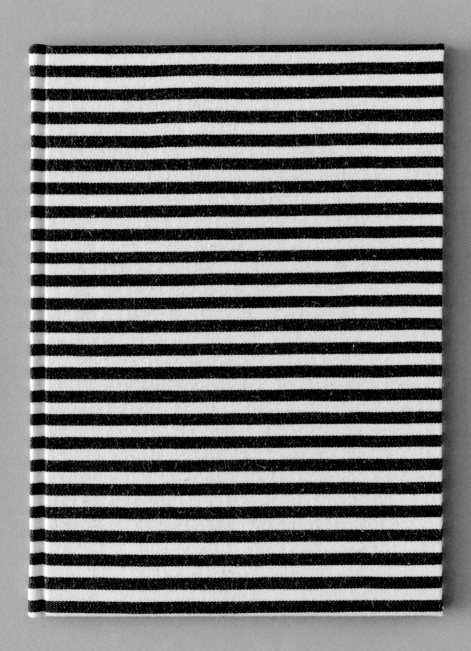

表紙側の見返しと本文側の見返しの色を変えて。

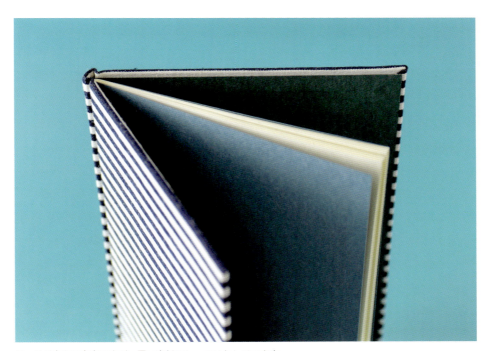

ページが少ない本文ですが、厚い表紙でしっかりとしています。

一折ハードカバーの本

Finished

215mm
150mm

材 料

・本文用紙（ほんのかみ）：A4／Y目／10枚
・見返し用紙（NTラシャ100kg）：A4／Y目／2枚
・表紙用芯材（ボール紙2mm厚）：H250mm×W350mm／Y目／1枚
・表紙用裏打ち布：H300mm×W400mm／1枚
・裏打ち寒冷紗：H205mm×W50mm／1枚
・かがり用糸：ジーンズステッチ糸20番

本好きならチャレンジしたいハードカバー

厚い芯材を布で包むハードカバーの表紙のつくり方は、このあと出てくる本づくりにも度々登場するものです。中綴じの本文にハードカバーの表紙をつけることで、より本らしくなります。

step 1 折り丁をつくる

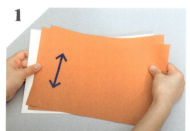

1. 本文用紙10枚と見返し用紙2枚を重ね、天地をそろえます。紙の目もそろえましょう。

2. 見返し用紙が外側になるようにまとめて半分に折ります。ヘラを使ってしっかり折りましょう。

3. 寒冷紗を半分に折ってから両端をななめにはさみで切ります。半分に折ることで中心がわかるようにしておきます。

4. 寒冷紗の裏側（凹凸の少ないつるつるした面）に、のりボンド（P.123）を塗ります。捨て紙を下に敷いて、全面に塗りましょう（P.122参照）。

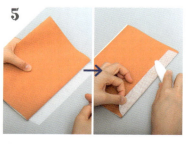

5. 塗り終わったら、寒冷紗の中心と折り丁の背の位置が合うように貼りつけます。背にぴったりと寒冷紗が沿うようにして、浮きがないように貼りつけましょう。

step 2
綴じる

一折中綴じと同じように（P.8の **3〜7**）、のど側から目打ちで5カ所穴をあけます。

天地の3倍の長さの糸を用意します。針に糸を通し、10cmほど糸を出します。ここでは、細い糸の留め方を紹介します。

10cm出した糸で、針の根元に輪をつくります。

輪の中に糸を入れてひっぱると、小さな結び目ができます。

針の根元に結び目がくるように、長い方の糸を引っ張ります。ここまでが、細い糸の留め方です。

①の穴に背側から糸を通し、10cmほど残しておきます。抜けないように注意しましょう。また、糸を引っ張るときは、背に対して平行に引きながら綴じ進めます。

⑤の穴にのど側から糸を通します。

③の穴に背側から糸を通します。

⑤の穴にのど側から糸を通します。

④の穴に背側から糸を通し、②の穴にのど側から通します。

④の穴に背側から糸を通し、最後に①の穴にのど側から通します。

17
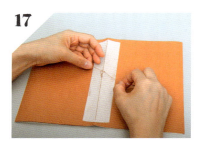
最初に残しておいた糸と、最後に出てきた糸を背側の④と⑤に渡っている糸をはさみで結びます。2回結んで固結びにし、5mmほど残してはさみで切ります。

18

開いた折り丁をもう1度半分に折ってヘラでならします。見返しの裏に左右幅が145mmになるよう、天地に印をつけます。

19

印をつけた位置に金物定規を合わせ、小口を化粧裁ちします。

step 3 表紙をつくる

20

表紙用の芯材、ボール紙2mm厚を切り出します（P.33参照）。ここでは、H214mm×W144mmを2枚、H214mm×W6mmを1枚用意します。

21

背表紙用のボール紙の背幅は、表紙用のボール紙で中身をはさんで小口側の厚みを測って計算します（P.33参照）。

22
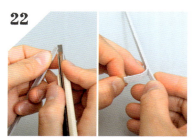
背表紙用のボール紙は、厚みを薄くします。カッターの刃先をボール紙の間に少し入れてはがしやすくしてから、手で少しずつはがしていき、1mm厚ほどにします。

23

裏打ち布の裏にボール紙を貼る位置を下書きします。みぞの幅は7mm、四辺のくるみ部分は15mm、余分なところは定規とカッターで切りましょう。

24

ボール紙にのりボンドを塗り、貼ります。貼る位置がずれないように、みぞ幅、直線に注意しながら貼りましょう。

25
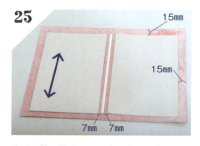
すべて貼り終えたら、布の上から手ぬぐいなどで押さえると、しっかり密着します。板の間にはさみ、重しをのせてプレスするとさらに落ち着きます（P.127参照）。

26
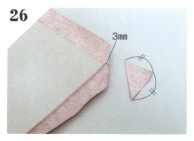
ボール紙の角から3mmほどはなれた位置をはさみでななめに切り落とします。切り落としたものが、二等辺三角形になるようにしましょう。

27

四隅すべての角を、ななめに切り落としました。

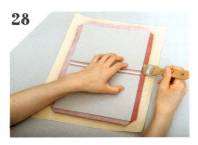
28 捨て紙を敷いて、天のくるみ部分にのりボンドを塗ります。

29 捨て紙の、のりのついた部分は折りたたんでおきましょう。

30 捨て紙を、ボール紙の天に沿うようにしっかりと持ち上げ、裏打ち布をボール紙へ貼りつけます。ボール紙と裏打ち布の間に浮きがないように、きっちり貼りつけましょう。

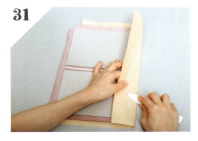
31 捨て紙の上から、ヘラで押さえてしっかり密着させます。

32 みぞの部分は浮きやすいので、ヘラでしっかりと押さえます。つきにくい場合は、小さな筆にボンドをつけて塗りなおすとすぐにつきます。

33 角の部分は、写真のようにヘラで押さえて貼りつけます。

34 角がしっかりとつきました。次に、地のくるみ部分も 28 〜 33 と同じ手順でボール紙に貼り合わせます。

35 左右のくるみ部分にのりボンドを塗り、ボール紙に貼り合わせます。

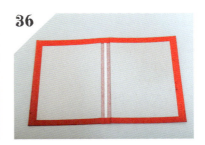
36 四方をくるむことができました。

step 4
表紙と本文を合わせる

37 背とみぞの部分にボンドを塗ります。手で持ち上げながら塗ると、布とボール紙の段差の部分にしっかり塗ることができます。

38 天地の布の部分は端まで塗らず、本文と重なるところまで塗りましょう。

31

39
本文の背にもボンドを塗ります。

40
天地小口のチリが2mmになるように、本文を表紙にのせます。

41
そのまま表紙をくるみます。

42
天地小口のチリが均等になっているか、この状態で確認します。

43
みぞをヘラでしっかりと押さえます。ボンドが本文の寒冷紗の部分につくように押さえましょう。

44
本文の背と背表紙がつくように、背もヘラでなぞります。

step 5
見返しを
貼る

45
ワックスペーパー1枚と捨て紙を1枚用意します。きき見返しの下に捨て紙、捨て紙の下にワックスペーパーを敷きます（P.127参照）。このとき、表紙を90度以上開くと、背がはずれやすいので注意しましょう。

46
見返しにのりボンドを放射状に塗ります。このときも、表紙を開きすぎないように注意します。

47
ワックスペーパーを残し、捨て紙のみをさっと引き抜いてから、表紙をぱたっと倒します。

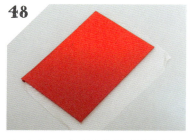
48
ワックスペーパーはのりのにじみ防止なので、はさんだままにします。

49

表紙を少し開いて、見返しがきれいに貼りついたか、チリが均等かを確認します。反対側の見返しも、同じように表紙に貼ります。

50

板の角に、みぞを合わせて置き、見返しを手ぬぐいでなぞって押さえます。内側から外側へ押さえましょう。

51

みぞに竹ひごをそれぞれ入れます。

52

その上に板を置き、重しをのせて5分ほど置きます。みぞがきれいに凹んで落ち着き、固定されます。

53

みぞがしっかりと固定されたら、平の部分のみを板ではさみます。背は板の外へ出した状態で重しをのせ、1日おいてプレスすれば完成です（P.127参照）。

POINT　表紙用芯材の計算方法

2mm厚のボール紙を芯材に使ってハードカバーの表紙をつくるときの計算方法です。単位はmmです。

本のサイズを、下記のように表記します。
・天地幅（H）
・左右幅（W）
・厚み（t）

　表紙用芯材2mm厚のボール紙の計算式は、下記のようになります。この場合は、チリを2mmに設定した場合の計算式です。

・A：H＋4mm（天地のチリ2mm＋2mm）
・B：W－1mm
・C：t＋4mm（ボール紙の厚み2mm＋2mm）－1mm

　BをWより1mm小さくし、みぞ幅を7mmにあけると、小口のチリが2mmになります。みぞ幅を7mmに設定したのは、ボール紙の厚み×3倍以上のみぞ幅があると、表紙が開きやすくなるためです。
　Cの背表紙の幅を測るときは、表紙と裏表紙用のボール紙で中身をはさみ、小口側で幅を測ります（P.30の21参照）。測ったサイズから、左右幅を1mm小さくすると、本全体のバランスがよくなります。

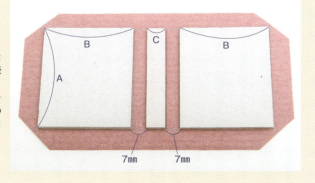

複数折ハードカバーの本
Square Back

折り丁を重ねることでページの多い本ができます。

スピンの色は、表紙に合わせて好きなものを。

本に厚みがあるので、赤い花布もつけてアクセントに。

複数折ハードカバーの本

Finished

215mm
146mm

材料

- 本文用紙（ほんのかみ）：A4 / Y目 / 32枚
- 見返し用紙（里紙100kg）：A4 / Y目 / 2枚
- 表紙用芯材（ボール紙2mm厚）：H250mm×W340mm / Y目 / 1枚
- 表紙用裏打ち布：H300mm×W400mm / 1枚
- クータ用紙（クラフト紙）：H205mm×W50mm / 1枚
- 裏打ち寒冷紗：H205mm×W50mm / 1枚
- 背軸用のひも：麻ひも（ホワイトレーン16/6）
- かがり用糸：麻糸（ラミー30/3）
- 花布、スピン

POINT　折り丁を重ねて厚みを出した角背の製本

1折りの本は、重ねて折る枚数に限りがあります。ページ数を増やしたいときは、折り丁を重ねて綴じましょう。スピンと花布をつけて角背の上製本に仕立てます。

step 1　折り丁をつくる

1

本文用紙4枚を天地をそろえて重ね、半分に折ります。1折り16ページの折り丁ができます。8折りつくりましょう。

2

左右幅が140mmになるように、1折りずつ小口を化粧裁ちします。

3

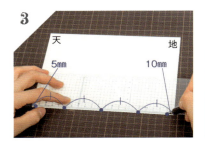

1つの折り丁の背側に、目引きのための印をつけます。

4

印をつけた箇所を、カッターで目引きします（P.127参照）。1mmほど切り込みを入れましょう。折り丁を開いてのどに針の通る穴があいていればOK。

5

目引きした折り丁を基準に、ほかの折り丁も1折りずつ目引きをします。目引き前の折り丁の上に、目引きした折り丁を天地をそろえて重ね、同じ位置に目引きします。

step 2
綴じる

板（机のへりでも可）に折り丁を1つ置き、目引き5ヵ所のうち、真ん中3ヵ所と同じ位置に麻ひもをそろえて置きます。麻ひも（30㎝×3本）を板の裏にテープで固定します。

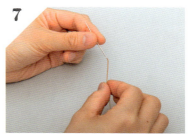

かがり用の糸を両手を広げたほどの長さをとります。P.29の7〜10の手順で糸を留めます（細い糸の留め方）。

1番端（天から1つめ）の穴に背側から糸を通し、5㎝ほど残しておきます。

次に、のど側から隣の穴へ糸を通します。

軸の麻ひもをまたいで、同じ穴に糸を通します。

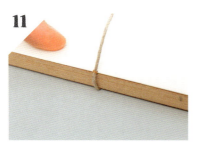

軸の麻ひもが穴にくいこむように背に対して平行に糸を引きます。

隣の穴にのど側から糸を通します。

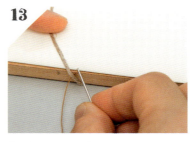

軸の麻ひもをまたぎ同じ穴に糸を通します。

かがるときは、かがり糸を進行方向に引っ張ります。縦に引くと破れてしまうので、背に対して平行に引きましょう。

背、のど、背、のど、と出たり入ったりしながら、軸の麻ひもがあるところは麻ひもをまたぎ、1番端（地から1つめ）の穴まで進みます。

2つめの折り丁を上に乗せ、背からのどに糸を通します。

37

17
1つめの折り丁とは進行方向を逆にして進んでいきます。隣の穴ののどから背へ出て、麻ひもをまたぎ、同じ穴の背から入ります。

18
同じように、天の方へかがっていきます。軸の麻ひもを垂直に引っ張り、折り丁と折り丁の間を引き締めます。

19
天から1つめの穴の背へ出たら、1折りめに残しておいた糸と結びます。2回結びましょう。

20
2つめの折り丁の上に3つめの折り丁を重ね、天から地に同じようにかがります。端まできたら、1折りめと2折りめの折り丁の間に、内側から外側へ針を入れます。

21
糸を引くと輪ができるので、その中に針をくぐらせます。

22
糸を引き締めると、結び目ができます。3折りめと2折りめがつながりました。

23
3折りめの上に4折りめを重ね、同じように地から天へとかがります。端まできたら2折りめと3折りめの間に内側から外側へと針を入れます。

24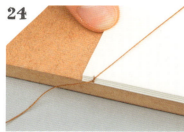
輪をつくり、21、22と同じように糸を留めて折り丁をつなぎます。かがり進める際に、この端での処理を忘れないようにしましょう。

25
かがっている途中に糸が足りなくなった場合の糸の継ぎ方を説明します。新しい糸をとり、写真のような輪をつくります。

26
今まで使っていた針を糸の輪の間に写真のように通します。

27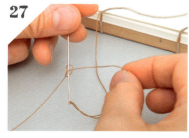
左右の糸をひき、輪を小さくします。

28
小さくなった輪をそのまま軸の麻ひもがあるところまで持っていきます。背の位置からずれないように左右の糸を引っ張ります。

29

結び目ができて、新しい糸がもとの糸につながりました。余分な糸は、はさみで切ります。

30

針に新しい糸を通し、かがり進めます。
※糸を継ぐときは、軸の麻ひもがない両端は背が弱いため、軸のある場所でつなぎましょう。

31
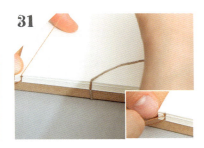
8折りめまでかがり終わったら、7折りめと6折りめの間に内側から外へ針を入れ、輪の中にくぐらせて折り丁どうしをつなぎます。

32
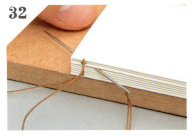
6折りめと5折りめの間に内側から外へ針を入れます。輪の中にくぐらせなくてOK。

33

さらに5折りめと4折りめの間に針を入れたら4折りめと3折りめの間にも針を入れ、らせん状に糸を通します。糸を3mmほど残してはさみで切ります。

34

軸の麻ひもを板から外し、麻ひもを上下に引いて折り丁どうしを引き締めます。

step 3
見返しを貼り背固めをする

35

A4の見返し用紙を2枚用意し、それぞれ半分に折ります。

36

本文の背側のふちの部分に、5mmぐらいの幅でのりボンドを塗ります。

37

本文の天地とそろうように見返しを置いて貼ります。ヘラでしっかり押さえます。

38

背固めをします。表紙の芯材用のボール紙を半分に切ります。本文を2枚のボール紙ではさみ、背とボール紙をそろえ、背にのりを多めにつけます（P.127参照）。

39
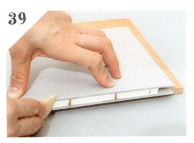
ヘラを使って、余分なのりを取り除きながら、背が平らになるようにこすります。折り丁と折り丁の間にのりが入り、折り丁の山と山がつぶれて平らになるようにします。

40 ボール紙をはずし、軸の麻ひもを10mmほど残してはさみで切ります。

41 麻ひもは、目打ちを使って1本1本ほぐします。表も裏もすべてほぐしましょう。

42 麻ひもをタンポポの綿毛のようにふわふわにします。ほぐすことで、見返しを貼ったときにきれいな仕上がりになります。

43 すべての麻ひもをほぐしたら、麻ひもの裏側にのりを塗り、扇状になるように見返しに貼ります。

44 麻ひもの厚みが出ないように、ヘラで押さえ貼りつけます。

45 寒冷紗の裏側（凹凸の少ないつるつるした面）に、のりボンドを塗ります。

46 背中にヘラで寒冷紗をしっかりと押しつけて貼ります。

47 見返しの方にも寒冷紗を貼ります。浮きがないように注意しましょう。

48 小口側にはみ出ている見返しを化粧裁ちします。本文の小口に合わせて金物定規を置き、見返しの余分な部分をカッターで切ります。

step 4
スピン、花布 クータをつける

49 スピンを本の対角線の長さ＋40mmほどに切ります。背の天側にボンドを塗り、スピンを天から10mmほどのところに貼ります。

50 スピンの上からもボンドを塗り、固定します。スピンは飛び出したままにせず、本文の中にしまいましょう。

51

花布を背にあてて背幅を測ります。爪で印をつけて、はさみで切りましょう。本文の背幅ぴったりではなく、少し短めだとバランスがよくなります。

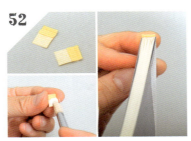

52

背幅の花布を2枚つくり、花布、背側の両方にボンドを塗って、花布を貼ります。

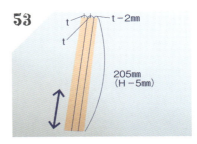

53

クータをつくります（P.127参照）。背幅を一番厚みのあるところで測り（t）、写真のように背幅の線を下書きします。

54

線に沿って金物定規を置き、ヘラで折り筋をつけて紙を起こしたら、定規を外して折りたたみます。もうひとつの線も同じように折ります。

55

水溶きボンド（P.123）を、53のt-2mmの部分に塗り、折りたたんでヘラでしっかり貼りつけ筒状の紙をつくります。

56

紙が重なっていない側にボンドを塗り、背に貼りつけたら、ヘラでしっかりとこすります。クータの左右の端の部分も角から浮かないようにしっかり貼ります。

step 5
表紙をつくり本文と合わせる

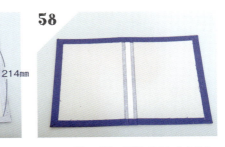

57

P.39の38のボール紙を使い、表紙と背のボール紙を切り出し（計算方法はP.33）、裏打ち布に貼ります（P.30の24、25参照）。

58

P.30の26〜35の手順で四方をくるみ、ボール紙に貼りつけます。

59

表紙と本文を合わせます（P.31の37〜44参照）。

60

見返しを貼ります（P.32の45〜50参照）。

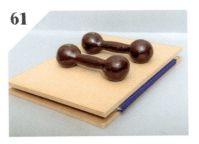

61

プレスをして完成です（P.33の51〜53参照）。

リボン背の本
Ribbon Binding

軸をリボンにして綴じた本。複数折ハードカバーの本をアレンジしました。

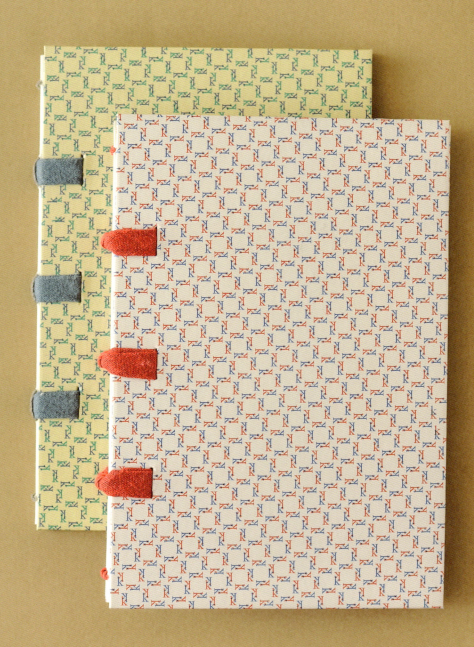

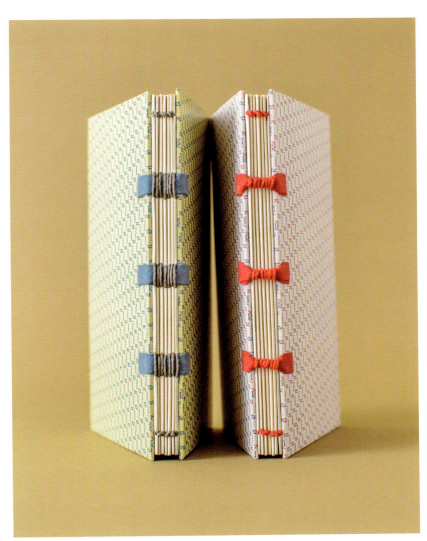

穴の位置を変えるとリボンの形も変わります。背表紙がないつくりのため、折り丁が集まった本の構造を、透かしたように見ることができます。

開きやすいのが特徴です。

リボン背の本

Finished

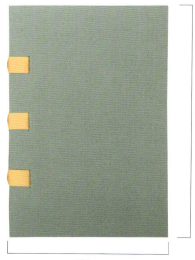

184㎜
122㎜

材 料

- 本文用紙（ほんのかみ）：H180㎜×W260㎜／Y目／20枚
- 見返し用紙（ジャンフェルト100kg）：H180㎜×W240㎜／Y目／2枚
- 表紙用芯材（ボール紙2㎜厚）：H184㎜×W122㎜／T目／2枚
- 表紙用紙：H214㎜×W152㎜／T目／2枚
- かがり用糸：麻糸（ラミー16/5）
- リボン：13㎜幅

 **POINT　軸になる麻ひもをリボンにし
折り丁の背が見えるように仕上げて**

複数折ハードカバーの本と同じように、折り丁を重ねて糸でかがります。軸をリボンにすると、いつもは隠れている本の背が、手製本ならではの魅力を発揮します。

step 1 折り丁をつくる

本文用紙4枚を天地をそろえて重ね、半分に折り、1折り16ページの折り丁を、全部で5折りつくります。見返し用紙2枚もそれぞれ半分に折っておきます。

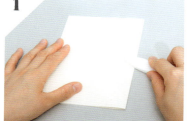

折り丁の左右幅が120㎜になるように、小口を化粧裁ちします。5折りすべて化粧裁ちしましょう。

3

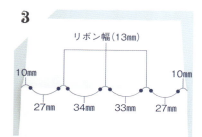

のどの部分に、目引きの位置の印をつけます。

4

かがり糸が太めなので、スクリューポンチ（1.5㎜穴）で穴をあけます。少し閉じた状態でのど側からあけ、背の中心にも穴があくようにします。

5

5つの折り丁と2枚の見返しの同じ位置に穴をあけます。

step **2**

綴じる

6

軸になるリボンを用意します（15cm×3本）。板（机のへりでも可）に見返しを置き、目引き穴にあわせてリボン3本を固定します（P.37 の **6** 参照）。

7

かがり糸（1.5m）は太い糸の留め方で用意します（P.9 の **8～14** 参照）。一番左の穴の背側から糸を通します。糸は5cmほど残しておきます。

8

隣の穴にのど側から糸を通します。

9

リボンをまたいで隣の穴に背から糸を通します。

10

同じように、リボンをまたぎながら綴じます。右端の穴の背に糸を出すところまで進めます。

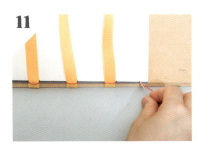

11

見返しの上に、1折りめの折り丁をのせ、右端の穴の背から糸を通します。

12

右から左へ糸を進めてかがっていきます。縦軸となるリボンは常に垂直に引っ張りながら進めましょう。

13

のど側からみると、りぼん幅のところにはかがり糸がない状態です。かがり糸をしっかり引っ張って、たるみがないようにしましょう。

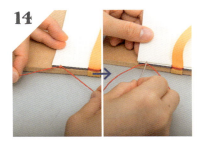

14

1折りめの左端まで綴じ進めたら、見返しに残しておいた糸と1回結びます。そのあと、1折りめの上に2折りめをのせて、左端の穴へ背から糸を通します。

15

リボンをまたぎながら糸を左から右へ進め、かがっていきます。

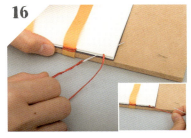

16

右端の穴の背へ糸が出るところまで進めたら、見返しと1折りめの折り丁の間に内側から外側へ針を入れ、折り丁の間に糸を引っかけます。

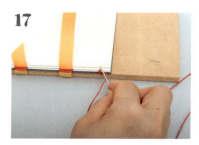
17
2折りめの上に3折りめを重ね、右から左へ同じ要領でかがっていきます。

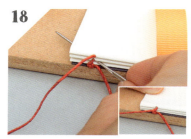
18
3折りめの端まで糸を進めたら、1折りめと2折りめの間に針を入れ、折り丁の間に糸を引っかけます。

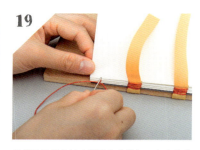
19
3折りめの上に4折りめを重ね、左から右へ同じ要領でかがっていきます。端までできたら2折りめと3折りめの折り丁の間に糸を引っかけます。

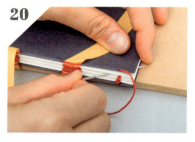
20
5折りめも同じようにかがり進め、最後に見返しを重ねて、かがります。4折りめと5折りめの折り丁の間に針を入れ、糸を引っかけましょう。

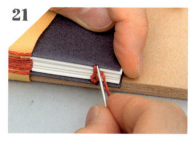
21
糸を引っかけたら、見返しの端の穴へ、背から針を入れます。

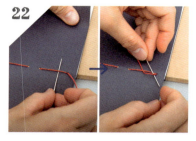
22
のどに渡った糸の下に針をくぐらせて輪をつくり、輪の中に糸を通します。

23
糸をしっかりと引っ張り、穴のところで結びます。5mmほど残して余分な糸をはさみで切ります。

24
リボンを固定していたテープを外します。反対側の見返しに残しておいた糸を針に通し、21〜23と同じ要領で結びます。

25
リボンの両端を引っ張って、背が平らになるように整えます。

step 3
表紙を
つくる

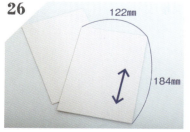
26
表紙、裏表紙用のボール紙を、2枚用意します。

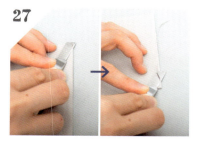
27
ボール紙の角を面取りします。表裏の四方すべて面取りします。

28

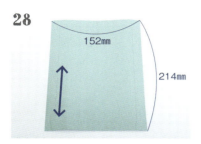

表紙用の紙を2枚用意します。

29

ボール紙にのりボンドを塗り、表紙用の紙に貼り合わせます。これを2枚つくります。

30

四隅を、ボール紙の角の端から3mm離れたところで二等辺三角形になるようにはさみで切ります（P.30の26参照）。

31

捨て紙を敷き、15mmのくるみ部分にのりボンドを塗り、ボール紙へ貼りつけます。天地左右の順で行いましょう（P.31の28～36参照）。

32

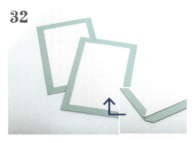

四隅の角の処理を忘れずに、ヘラを使いながらくるみます（P.31の33、34参照）。

33

折り丁の上に天地小口に2mmずつチリができるよう、表紙を置きます。リボンを表紙に渡し、背から15mmのリボンの幅の両端に計6カ所の印をつけます。

34

平目打ちと木槌を使って、印をつけたところに切り込みを入れて貫通させます。リボンと同じ幅の切り込みがあくようにしましょう。

35

3つの切り込みができました。もうひとつの表紙にも同じように平目打ちで貫通させた切り込みを入れます。

36

スパチュラを使って、表紙の切り込みにリボンを入れ込みます。

37

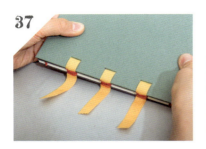

3本のリボンを入れましょう。

38

表紙に出るリボンに浮きがないように、また、背が平らになるよう調整します。

39

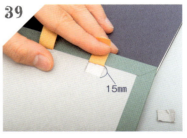

リボンを埋めこむための凹みをつくります。カッターで少し切り込みを入れ、1mm厚ほど剥がします。長さ15mmほどの凹みができればOKです。

40
凹みの部分にボンドを入れて、リボンを埋め込みます。

41
リボンをしっかりと凹みに埋めこみ貼りつけたら、凹みに入らない余分なリボンは、はさみで切ります。

42
リボンが凹みに埋まりました。もう1つの表紙にも同じようにリボンを埋め込みます。

step 4 見返しを貼る

43
きき見返しの下に捨て紙、捨て紙の下にワックスペーパーを敷き、のりボンドを見返しの全面に塗ります。

44
捨て紙を引き抜いて、表紙をかぶせます。

45
表紙を開き、チリが均等にあるか確認します。リボンが貼ってある部分は手ぬぐいなどで押さえてしっかりと貼りつけましょう。

46
もう1つの表紙も同じように見返しを貼ったら、板にはさんで重しをのせ、1日プレスして完成です。

アレンジバージョン
リボン背の本のアレンジバージョンでは、リボン幅の中心に穴を1つあけて、同じようにリボンをかがります。きゅっとリボンを結んだような軸になります。

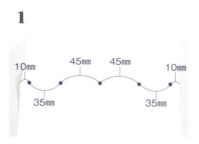
1
折り丁を5折りつくります（P.44の**1**、**2**参照）。**4**と同じようにスクリューポンチを使って目引きの穴をあけます。

2
5つの折り丁と2つの見返しの同じ位置に穴をあけます。

3
板（机のへりでも可）に見返しを置き、目引き穴とリボンの真ん中をあわせて、リボン3本を固定します（P.37の**6**参照）。

4
かがり糸は太い糸の留め方で用意します（P.9の**8〜14**参照）。一番左の穴の背から糸を通します。5cmほど残しておきます。

5
隣の穴にのど側から糸を通し、背に出ます。

6
リボンをまたいで同じ穴に背から糸を通します。

7
リボンの幅があるため、リボンがぎゅっと締まります。

8
同じように、リボンをまたいでかがります。縦軸となるリボンは、垂直に引っ張りながらかがりましょう。

9
右端の穴の背へ糸を出したら、見返しの上に1折りめの折り丁をのせ、背から糸を通します。

10
糸の進め方は、P.45の**6〜20**と同じです。見返しまでかがったら、5折りめと4折りめの折り丁の間に針を入れて糸をひっかけます。

11
見返しの端の穴へ、背から針をいれます。

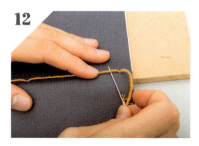
12
のどに渡った糸の下に針をくぐらせて輪をつくり、輪の中に糸を通し穴のところで結びます。5mmほど残して余分な糸をはさみで切ります。

13
最初の見返しに残しておいた糸も同じようにのど側で糸を結び、余分な糸は切ります。

14
リボンの両端を引っ張って、背が平らになるように整えます。その後の表紙のつくり方、見返しの貼り方、完成まではP.46の**26〜46**と同じ手順です。

49

Chapter 2
表紙をかえて オリジナルをつくる

文庫本や手帳など、すでに綴じてあるものでも、手を加えるとオリジナルの1冊に。
お気に入りの布や素材で、自分だけの改装をたのしみましょう。

文庫本の改装
Rebinding a Book

文庫本をハードカバーに仕立て直します。

お気に入りの本がハードカバーに。ブックカバーとはまた違ったたのしみになります。

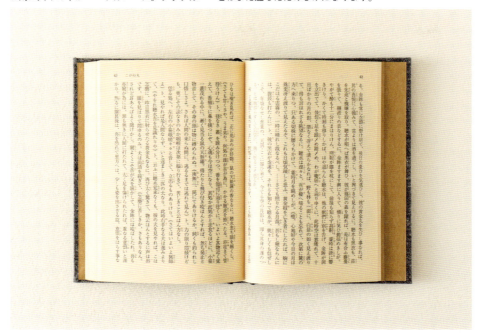

もとの表紙に使われていたタイトルを背と平に貼って。

文庫本の改装

Finished

156mm
112mm

材料

- 使用した文庫本の実寸：H151mm× W105mm× t13mm
- 見返し用紙（裏紙 100kg）：H151mm× W230mm／Y目／2枚
- 表紙用芯材（ボール紙 2mm厚）：H200mm× W300mm／Y目／1枚
- 表紙用裏打ち布：H200mm× W300mm／1枚
- 裏打ち寒冷紗：H146mm× W50mm／1枚
- クータ用紙（クラフト紙）：H146mm× W50mm／T目／1枚
- 花布、スピン

POINT　文庫本をハードカバーに改装する

改装とは、本の装丁を新しいものに変えることです。きちんとデザインされた表紙を変えてしまうのは忍びないですが、自分好みの布や見返し、花布とスピンを選んで改装すると、愛着もひとしお。プレゼントにも最適です。

step 1　文庫本を準備する

1 文庫本のカバーを外し、本文についた表紙をていねいにはがします。

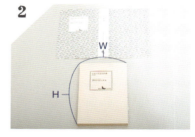

2 天地の長さ（H）、左右の幅（W）、厚み（t）を測ってメモしておきます。表紙はあとで使うので取っておきましょう。

step 2　見返しを貼る

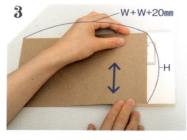

3 2で測ったサイズを基準に、見返し用紙を2枚用意します。

4 天地をそろえて、見返しをそれぞれ半分に折ります。

5

本文背側のふちの部分に、5mmぐらいの幅でボンドを塗ります。捨て紙を置いて塗りましょう。

6

天地と背側をそろえるようにして、本文に見返しを貼ります。裏側も同じように見返しを貼ります。

7

表と裏に見返しを貼りました。小口側にはみ出している見返しはあとで切ります。

step 3
スピン、花布 クータをつける

8

寒冷紗を切り出します。サイズは、(H−5mm)×(t+40mm)です。切り出したら、寒冷紗の裏面にのりボンドを塗ります。

9

背に寒冷紗を貼ります。左右のバランスを見て、背に置きます。

10

背にしっかりと貼りつけます。

11

左右にもぴったりと貼ります。浮きやヨレがないように注意しながらヘラで押さえましょう。

12

小口側にはみ出ている見返しを化粧裁ちします。本文の小口にあわせて金物定規を置き、見返しの余った部分をカッターで切ります。

13

小口がそろいました。

14

花布とスピンを用意します。スピンは、本文の対角線の長さ+40mmに切ります。

15

背の天側にボンドを塗り、スピンを天から10mmほどのところに貼ります。

16
スピンの上からもボンドを塗り固定します。

17
スピンは飛び出したままにせず、本文の中にしまいます。

18
花布を背にあてて背幅を測ります。本文の背幅ぴったりではなく、少し短めにするとバランスがよいです。

19
爪で印をつけ、はさみで切ります。これを2枚つくります。

20
花布と背の両方にボンドを塗ります。

21
背に花布を貼ります。花布のふくらみがちょこんと背に乗るイメージでしっかりと貼りつけます。

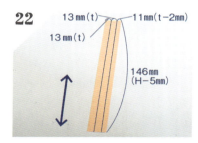
22
クータをつくります。目印となる折り線を下書きします（P.41の**53**参照）。

23
クータを折って筒状にします。ボンドを塗って本文の背に貼りつけましょう（P.41の**54〜56**参照）。

24
背にクータがつきました。ヘラで押さえて、固定させます。

step 4
表紙をつくって本文と合わせる

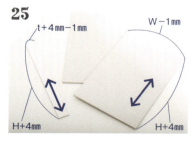
25
表紙の芯材になるボール紙を切り出します。表紙と裏表紙はそれぞれ（H＋4mm）×（W−1mm）、背は（H＋4mm）×（t＋4mm−1mm）（P.33参照）。

26
背表紙用のボール紙は、少し厚みをなくします（P.30の**22**参照）。

27

2で取っておいた表紙と背表紙のタイトルをカッターで切り出します。

28

タイトルを貼る場所を決め、凹みをつくります。同寸より1mm大きくなるように下書きし、カッターでも切り込みを入れてはがします（P.47の**39**参照）。

29

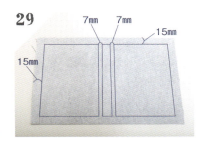

裏打ち布の裏に、ボール紙を貼る位置を下書きします。みぞの幅は7mm、四辺のくるみ部分は15mmとり、要らない部分は切りましょう。

30

ボール紙を裏打ち布に貼ります（P.30の**24**〜**36**参照）。凹みの部分だけは、のりボンドを塗ったあと、さらにボンドを上塗りして貼ります。

31

ボール紙を貼ったあとに、タイトル用の凹みの部分は、表からヘラで押さえて密着させます。

32

背とみぞの部分にボンドをしっかり塗ります（P.31の**37**、**38**参照）。

33

天地、表裏を間違えないように注意しながら、表紙と本文を合わせます（P.32の**40**〜**42**参照）。

34

チリのバランス、天地小口が直角になっているか確認しましょう。

35

みぞをヘラでしっかりと押さえます。

36

きき見返しの下に捨て紙とワックスペーパーを敷き、のりボンドを塗って見返しを貼ります（P.32の**45**〜**50**参照）。

37

切り取ったタイトルの裏に水溶きボンドを塗って表紙に貼ります。

38

プレスをして、完成です（P.33の**51**〜**53**参照）。

手帳の改装
Rebinding a Notebook

毎日使う手帳を、お気に入りの布でオリジナルの手帳に改装しましょう。

見返しをポケットにして機能も充実させて。

表紙の布はシルクスクリーンで刷ったもの。裏打ちして使っています。
ゴムバンドをつけて使いやすく。
シルクスクリーン布制作＆提供：Tシャツブランド　David&Jonathan（P.116参照）

手帳の改装

Finished

184mm

133mm

材料

- 使用した手帳の実寸：H 182mm×W 128mm×t 8mm
  ※手帳は糸かがりで、3折り以上のもの
- 見返し用紙（里紙100kg）：H 252mm× W 280mm ／ Y目／ 2枚
- 表紙用芯材（ボール紙1mm厚）：H 184mm× W 126mm ／ T目／ 2枚
- 表紙用裏打ち布：H 230mm× W 320mm ／ 1枚
- 裏打ち寒冷紗：H 177mm× W 50mm ／ 1枚
- かがり用糸：麻糸（ラミー 20/3）
- 平ゴム：5mm幅

POINT お気に入りの布でオリジナルの手帳に

市販の手帳では物足りない、好みのものがなかなか見つからない。そんなときは、手帳を改装してみましょう。ポケットやゴムもつけて機能性もアップさせました。

step 1 見返しを貼り糸で綴じる

1
市販の手帳についている表紙と見返しを、ていねいにはがします。天地の長さ（H）、左右の幅（W）、厚み（t）を測ってメモしておきます。

2
見返しを2枚用意します。計算方法は（H＋70mm）×（W＋W＋20mm）。ポケット部分をつくるため、地から70mmのところに定規を置き、ヘラで折り筋をつけます。

3
折り筋をつけ、紙を垂直に起こします。

4
定規を外して紙を折り、ヘラで押さえます。ポケット部分ができました。

5
ポケットが内側になるように、見返しを半分に折ります。

6
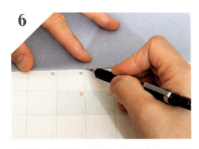
表紙側、折り丁ののどに糸が見える部分があります。見返しの背をのどに合わせ、手帳の綴じ穴と同じ位置に印をつけ、カッターで目引きします。

7

裏側の折り丁に合わせて、もう1つの見返しも同じように印をつけ、カッターで目引きします。

8

折り丁の穴に糸が通りやすいようにします。6、7で目引きの基準にした折り丁を開き、目打ちを刺します。

9

本文の背側のふちの部分に、5mmほどの幅でボンドを塗ります。天地と背がそろうように見返しをのせて、貼りつけます。

10

見返しと本文を糸で綴じつけます。かがり用の糸を天地の3倍の長さで用意し、針に通します（P.9の8〜14参照）。

11

背側を手前にし、一折りめの左端の穴の背から糸を通します。5cmほど糸を残しておきましょう。

12

のどを渡って、一番右側の穴にのどから糸を通します。

13

背に出た糸を、見返し右端の穴に背側から通します。

14

見返しののど側に出た糸は、その隣の穴にのどから糸を通し、背に出します。

15

背に出した糸を、その下の折り丁の穴に背から通します。

16

折り丁ののどに出た糸は12で渡した糸をまたぎ、同じ穴に糸を通します。

17
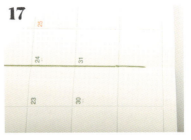
背に対して平行にしっかりと糸を引き、穴に糸が食い込むようにします。

18 背に出た糸は、すぐ上の見返しの穴に背から通します。

19 見返しののどに出た糸は、その隣の穴へ通します。

20 15〜19を繰り返して左端までかがったら、最初に残しておいた糸と結びます。5mmほど残して糸を切り、裏側も同じように綴じ合わせます。

step 2
中身を完成させる

21 寒冷紗の下に捨て紙を敷き、のりボンドを塗ります。

22 背に寒冷紗をしっかりと貼ったら、見返しにも貼りつけます。

23 小口側にはみ出ている見返しを化粧裁ちします。本文の小口に合わせて金物定規を置き、余分な部分をカッターで切ります。

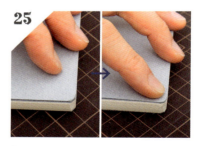
24 小口の角を丸くします。角が小さな二等辺三角形になるように、カッターで上から下へ刃を入れます。

25 新たにできた2カ所の角を、平らな二等辺三角形のかたちで切り落とします。

step 3
表紙をつくり中身と合わせる

26 表紙用芯材のボール紙を切り出します。軽い仕上がりになる1mm厚のものを使います。背表紙用の芯材は要りません。小口側の角を、24、25のように丸くします。

126mm (W−2mm)
184mm (H+2mm)

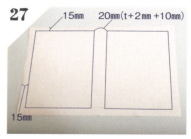
27 表紙用の裏打ち布の裏に、ボール紙を貼る位置を下書きします。ボール紙の間の計算方法は、t＋2mm（ボール紙1mm＋1mm）＋10mm（みぞ5mm＋5mm）です。

15mm
20mm (t+2mm +10mm)
15mm

28 ボール紙にのりボンドを塗り、下書きをした位置に貼ります。丸くした角から4mmほど離れた位置をななめに切り落とします。

29 捨て紙を敷き、天地のくるみ部分にのりボンドを塗って、ボール紙に貼ります。

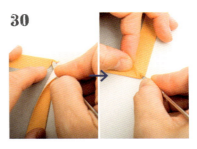

30 左右のくるみ部分にものりボンドを塗り、ボール紙に貼ります。角丸の部分はスパチュラを使い、ギャザーを寄せるようにして貼ります。

31 角が丸くなりました。四隅すべてを同じように丸く包みます。

32 裏表紙のゴムを通す位置に平目打ちで穴をあけます。

33 表側からゴムを通します。ゴムは2つ折りして、先端の2つを一緒に通しましょう。スパチュラを使うと通しやすいです。

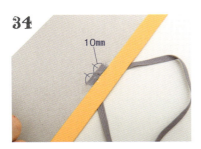

34 ゴムを通したら長さを調整します。それぞれ10mmほど残して余分なゴムはカットし、ボンドで貼ります。

35 見返しの下に捨て紙とワックスペーパーを敷き、のりボンドを全面に塗ります。寒冷紗の部分には、さらにボンドを上塗りします。

36 見返しと表紙を貼り合わせます。捨て紙を外してから中身を表紙側に持っていきます。天地小口にチリが1mmずつ出るように貼りましょう。

37 見返しを手ぬぐいで押さえてしっかりと貼ります。ゴムのところは浮きやすいのでよりしっかり押さえましょう。

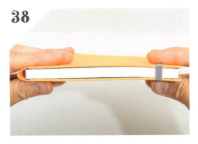

38 反対側の見返しにのりボンドを塗ったら、表紙を見返し側に倒して貼ります。チリも確認しましょう。

39 板の間にはさんで重しをのせ、プレスして完成です。

[Chapter 3]
思い出を綴じる

旅行や子どもの成長など、大事な思い出を綴じ合わせることで、
手で綴じるたのしみはもっと広がります。

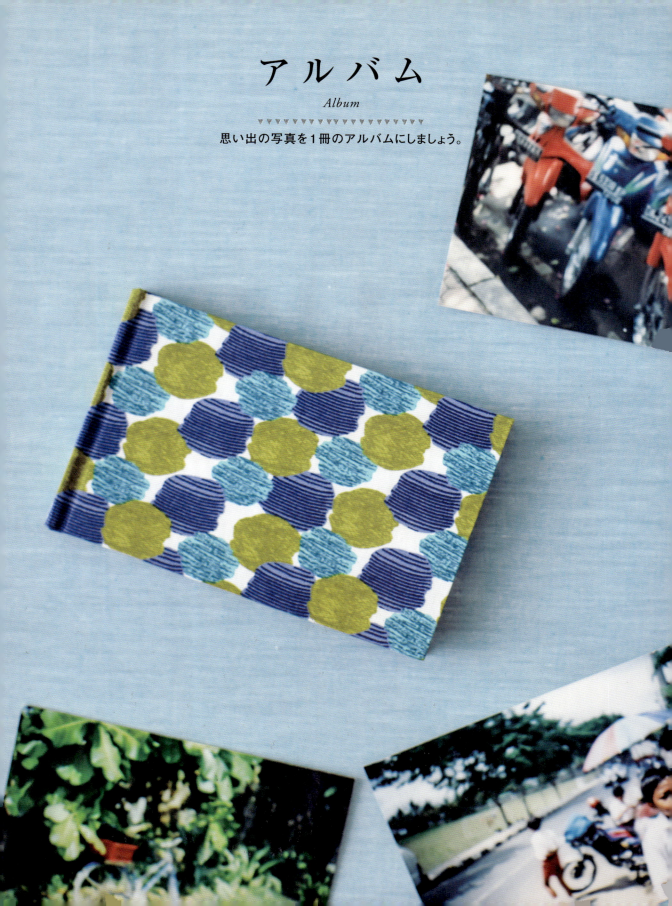

台紙を写真と同じサイズにし、少し大きめのOPP袋をかぶせています。

写真が入っても本がふくらまないように、背に厚みをもたせたアルバム製本です。

アルバム

Finished

94mm
140mm

材　料

- 台紙用紙（タントセレクト TS-1　130kg）：H88mm×W140mm／Y目／12枚
- 見返し用紙（タントセレクト TS-1　130kg）：H88mm×W270mm／Y目／2枚
- 表紙用芯材（ボール紙2mm厚）：H100mm×W300mm／Y目／1枚
- 表紙用裏打ち布：H150mm×W350mm／1枚
- 裏打ち寒冷紗：H83mm×W50mm／1枚
- かがり用糸：麻糸（ラミー20/3）
- OPP袋：H90mm×W130mm／12枚

 POINT　写真サイズのOPP袋を利用すれば写真の入れ替えも簡単に

写真などを貼っても本がふくらまないように、あらかじめ背に厚みをつくる構造です。切り抜いた写真などを台紙に直接貼るスクラップブックとしても活用できます。

step 1　台紙をつくる

1 見返し用紙（上）と本文用の台紙（下）を切り出します。本文用紙は12枚、見返し用紙は2枚用意します。

2 見返し2枚を、それぞれ半分に折ります。台紙の12枚は、片端から5mmのところにヘラで折り筋をつけて折ります。

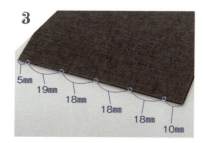

3 見返しの背に、目引きをするための印をつけます。

4 カッターで目引きをし、0.5mmほどの切り込みを入れます。開いたときに、のどに1mmほどの切り込みができればOKです。

5 目引きした見返しを基準にして、台紙12枚ともうひとつの見返しにも同じ位置にカッターで目引きをします（P.36の**5**参照）。

step 2
綴じる

針に糸を通し、留めます（P.9の **8〜14** 参照）。折り丁が多いので「複数折ハードカバーの本」（P.34）と同じ綴じ方でもつくることができますが、今回は軸の麻ひもがない「1本針かがり」という方法でかがります。

見返し（1折りめとします）の一番左の穴に背から糸を通し、5cmほど糸を残しておきます。

のどに出た糸は、一番右の穴にのどから糸を通します。

見返しの上に、台紙の折り丁（2折りめ）をのせます。台紙の一番右の穴に糸を背から通します。

隣の穴にのど側から通します。

背に出た糸は、その下の見返しの穴に背から通します。

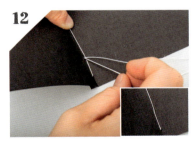

のどに出た糸は、**8**で渡した糸をまたいで、同じ穴にのどから通します。

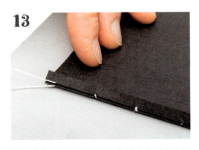

背に出た糸は、すぐ上の台紙の穴に背から入れ、そのまま **9〜12** のかがり方で糸を通しかがっていきます。

台紙の左端の背に糸が出たら、最初に残した糸と2回結びます。1折りめと2折りめの背がずれやすいので注意して。

2折りめの上に3折りめの台紙を重ねます。左端の穴の背から糸を通します。

69

16

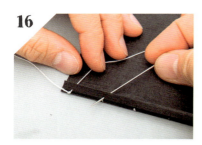

隣の穴にのどから糸を通します。

17

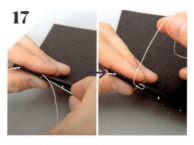

1折りめと2折りめの間に右側から針先を入れ、1折りめと2折りめの糸に引っかけます。

18

同じ穴に背から糸を通します。

19

のどに出た糸は、隣の穴にのどから通します。そのまま16～18のかがり方で糸を通していきます。

20

3折りめの右端の背に糸が出たら、1折りめと2折りめの折り丁の間に内側から外へ針先を入れます。

21

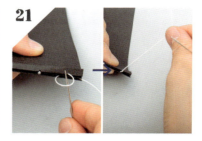

糸を引いて輪をつくり、輪の中に糸をくぐらせて3折りめと2折りめをつなぎます。

22

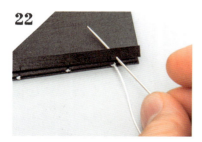

3折りめの上に、4折りめをのせます。15～19と同じようにかがり進めます。

23

下の折り丁の間に糸を入れて糸を引っかけるときは、左からすくうようにします。

24

4折りめの左端の背に糸が出たら、2折りめと3折りめの折り丁の間に内側から外へ針先を入れ、輪をつくり、輪の中に糸をくぐらせます。

25

5折りめ以降は、15～24と同じようにかがり進め14折りめ（見返し）の端まできたら、12折りめと13折りめの折り丁の間に針先を入れます。

26

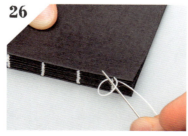

輪をつくり、糸をくぐらせて結びます。

27

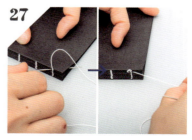

11折りめと12折りめの折り丁の間に内側から外へ針先を入れ、糸を引きます。

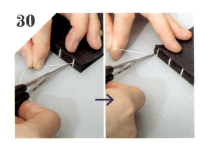

28 同じように10折りめと11折りめの折り丁の間に内側から外へ針先を入れ、糸を引きます。

29 さらに9折りめと10折りめの間に針を入れて、糸を引きます。

30 糸を5mmほど残してはさみで切ります。最初の糸も切っておきましょう。

step 3
背固めをし寒冷紗を貼る

31 背固めをします（P.39の**38**、**39**参照）。今回はのりボンドを使います。

32 ヘラを使って背が平らになるように押さえながら引きます。余分なのりボンドは、かき取るようにしてヘラでならします。

33 寒冷紗の下に捨て紙を敷いて、のりボンドを塗ります。

34 背に寒冷紗をしっかりと貼り、見返しの方にも貼りつけます。

35 浮きやヨレがないように、ヘラを使ってこすります。

step 4
表紙をつくる

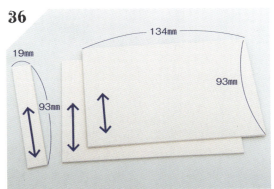

36 ボール紙を切り出します。写真を入れるアルバムは小口よりも背が厚いので、本文の厚みは背で測ってつくります（P.33参照）。

37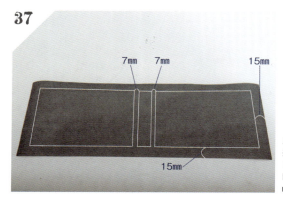

裏打ち布の裏に、ボール紙を貼る位置を下書きします。みぞの幅は7mm、四辺のくるみ部分は15mmとります。

38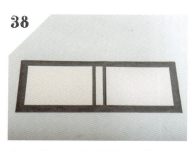

ボール紙にのりボンドを塗り、貼ります。直線ラインがずれないように注意しながら貼りましょう。

39

ボール紙の角から3mmほどはなれた位置を、はさみでななめに切り落とします。

40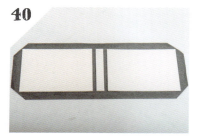

四方を切り落とします。

41

天地左右の順に、ボール紙を裏打ち布でくるみます（P.31の28〜36参照）。

step 5 表紙と本文を合わせる

42

本文の厚みを整えます。本文は背に厚みがある構造なので、このまま表紙を合わせると直角が出ず、きれいにプレスできません。そこで、折り丁の間にコピー用紙などをはさみ、背と小口が同じ厚みになるように調整します。

43

みぞの部分にボンドを塗ります。

44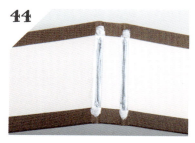

クータがない簡易的な背中の処理なので背にはボンドを塗りません。

45

チリを見ながら表紙に本文を差し込みます。

46
ヘラを使ってみぞをしっかりと押さえます。

47
みぞと本文をしっかりとつけます。

48
見返しの下に捨て紙、その下にワックスペーパーを敷き、見返しにのりボンドを塗ります。

49
表紙でみぞを押さえて本文がずれないようにしながら、また、90度以上開かないように気をつけながら、塗りましょう。

50
のりボンドを塗り終わったら、捨て紙をさっとひき抜いて外し、表紙を閉じます。少し開いてチリを確認しましょう。反対側も同じように見返しを貼ります。

51
みぞに竹ひごを入れて5分ほどプレスしてから、背を出して板にはさみ、重しをのせて1日プレスします（P.33の 51〜53 参照）。

step 6
OPP袋をつける

52
OPP袋を12枚用意します。90mm幅で、長さはいろいろなサイズのものが販売されているので、130mmに切ります。台紙にOPP袋を差し込みます。

53
写真をOPP袋と台紙の間に入れ込みます。

54

アルバムの完成です。

\complete/

アコーディオンアルバム
Accordion Album

糸で綴じない蛇腹状のアルバム。両面どちらからでもたのしめます。

台紙に切り込みを入れ、子どもの絵をはさみこんで。

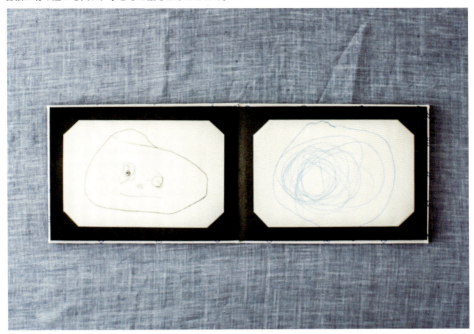

表紙には子どもが着られなくなった服を裏打ちして使いました。
窓をつけて、表紙からも絵が見えるように。

アコーディオンアルバム

Finished

145㎜
195㎜

材 料

- 台紙用紙（タントセレクト TS-1 130kg）：H140㎜×W380㎜ / Y目 /10 枚
- 表紙用芯材（ボール紙 2㎜厚）：H144㎜×W194㎜ / Y目 /2 枚
- 表紙用裏打ち布：H200㎜×W250㎜ /2 枚
- リボン：12㎜幅

POINT
リボンをほどくと
思い出が流れるように広がるアルバム

折り本という和本のひとつで、糸で綴じない製本です。巻物という日本の古い書物の形がありますが、巻物は、広げたり巻き戻したりして読むのに不便だったので、巻かずに折りたたむ折り本という形ができました。和紙ではなく洋紙を使いリボンや窓のある蛇腹のアルバムとして仕立てます。

step 1
台紙をつくる

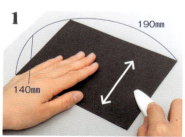

1 台紙用紙を10枚用意し、1枚ずつヘラを使って半分に折ります（内側が表になるように）。

2 台紙が10枚できました。

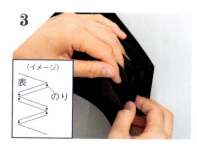

3 折り目が交互になるように重ねます。裏側にのりボンドをつけたときに、蛇腹状になるようにしましょう。

〈イメージ〉表・のり

4 台紙をずらして、のりボンドを塗る面に印をつけます。左右につけましょう。

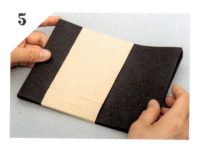

5 捨て紙で天地をくるみ、ずれないようにそろえて固定します。

6

捨て紙の上に置き、下から上に紙をおろしながら、印をつけた部分にのりボンドを塗っていきます。約10mm幅で塗りましょう。

7

塗り終わったら上からヘラで押さえてのりボンドをしっかりとつけます。反対側も同じように塗りましょう。

8

蛇腹状になっているか確認します。

step 2
表紙をつくる

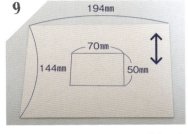

9

ボール紙2枚を切り出します。表紙になる1枚だけ、窓になる部分を切り取るための下書きをします。

10

定規とカッターで、窓の部分を切り抜きます。角の部分は、少し交差するように刃を入れると、きれいに切り取ることができます。

11

裏打ち布を用意します。ボール紙を貼りつける位置を下書きし、くるみ部分を15mmにして余分な布は切りましょう。これを2枚つくります。

12

ボール紙にのりボンドを塗り、裏打ち布に貼ります。

13

しっかり押さえて貼りつけます。

14

ボール紙の角から3mmほどはなれた位置をはさみでななめに切り落とします。

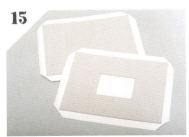

15

四隅をすべて切り落とします。

16

捨て紙を敷いて、天のくるみ部分にのりボンドを塗ります。

77

17
捨て紙の、のりのついた部分は折りたたみ、天に沿うように持ち上げてくるみます。ヘラでしっかりと押さえましょう。

18
天地をくるんだら角の部分を押さえて貼ります（P.31の **33**、**34** 参照）。

19
四隅の角を押さえてから、左右もくるみます。

20
窓をつける表紙には、カッターで対角線に切り込みをいれます。

21
そのまま内側に貼ると窓の角のボール紙が見えてしまいます。

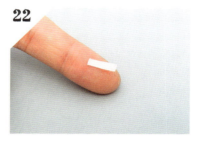
22
見えてしまう部分に、裏打ち布を貼ります。表紙用の裏打ち布から3mm×15mmを4枚用意します。

23
窓の四隅にボンドで貼り付けます。

24
貼りこむ部分が15mmほどになるように、三角形の山を切ります。

25
のりボンドを塗って内側へ貼ります。

step **3**
リボンをつける

26
リボンを用意します（25cm×4本）。リボンを通す穴をあけます。左右の端からそれぞれ15mm内側、天地の真ん中にあけましょう。平目打ちを置き、木槌で叩きます。

27

平目打ちを裏から貫通させると表に浮きがでるので、表側からも平目打ちを通して整えます。

28

スパチュラなど先の細いものを使って、リボンを穴に通します。

29

リボンをすべて通します。裏側にリボンを埋め込む凹みをつくり、ボンドで貼ります（P.47の**39**参照）。

step **4**
表紙と台紙を合わせる

30

窓のあいた表紙の裏に台紙をのせます。四方のチリが均等になるように置きましょう。

31

そのまま表紙と台紙がずれないように裏返し、表紙の窓の四隅の印を台紙につけてから、切り取ります。

32

窓部分を切り取った台紙の下に捨て紙を敷き、のりボンドを塗ります。

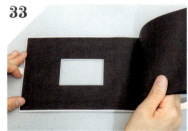

33

チリが均等になるように、表紙に貼りつけます。

34

反対側の台紙にも、のりボンドを塗ります。

35

表紙と裏表紙が直角になるように合わせます。板にはさんで1日プレスして完成です。

\complete/

79

トラベラーズノート
Traveller's Notebook

旅行の思い出を綴じこめる、特別な時間のためのノート。

チケットなどを入れる封筒と、自由に使えるノートを一緒に綴じて。

表紙は軽い仕上がりになる「フランス装」を少しアレンジしたもの。

トラベラーズノート

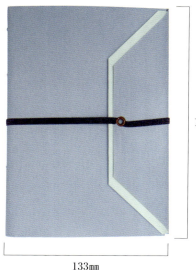

Finished

190mm
133mm

材 料

- 本文用紙（クラフトコピー用紙）：B5／Y目／16枚
- 見返し用紙（里紙100kg）：H185mm×W360mm／Y目／1枚
- 表紙用紙（ジャンフェルト100kg）：H290mm×W400mm／Y目／1枚
- 封筒用の紙（ジャンフェルト100kg）：H300mm×W300mm／T目／1枚
- かがり用糸：麻糸（ラミー20/3）
- 平ゴム：5mm幅
- ハトメ

POINT　持ち運びやすい封筒付きのやわらかいノート

本文、見返し、表紙をまとめて綴じてつくります。一折中綴じのようにも見えますが、封筒を綴じつけ、表紙はフランス装という仮綴じ本の表紙のつくり方（芯材がなく紙の四辺を折りたたむ）をもとにしています。

step 1 折り丁と封筒をつくる

1

本文用紙を8枚まとめて折り、1折り32ページの折り丁を2折りつくります。左右幅が125mmになるように小口を化粧裁ちします。

2
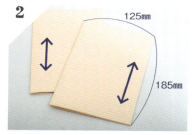

125mm / 185mm

2折りできました。

3
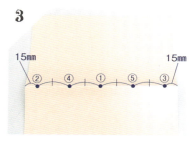

15mm　②　④　①　⑤　③　15mm

糸を通す穴をあけます（P.8の**3**〜**7**参照）。天地の中心（①）、天地から15mmほど内側（②、③）、①と②の真ん中（④）、①と③の真ん中（⑤）の5カ所です。

4

2折りめも同じ位置に穴があくように、1折りめに2折りめをかぶせて天地をそろえます。天地がずれないように、1折りめにあけた穴から目打ちを刺します。

5

2折りとも同じ位置に穴があきました。

6
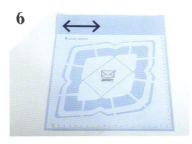
横長の封筒をつくります。市販のテンプレートを使うと便利です。

7

テンプレートに沿って、下書きをします。

8
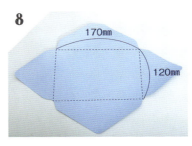
定規とカッターで封筒を切り出します。

9

8の点線に定規をあて、ヘラで折り筋をつけてから、紙を起こします。

10

定規を外して、ヘラを使って折りたたみ、封筒の形をつくります。

11

封筒には、写真のように3カ所の印をつけ、カッターで、0.5mmほどの切り込みを入れます。

step 2
表紙と見返しをつくる

12

表紙用紙の天地左右を、定規とヘラを使って折ります。天地と左側は50mm内側、右側は66mm内側です。

13
四隅をヘラで筋をつけた線で直角をつくるようにして折りたたみ、ヘラでならします。

14

四隅を折りたたんだ状態で、50mm幅の部分を折り筋にそって折りたたみます。ヘラでしっかりと押さえましょう。

15

66mm幅の部分はひらいた状態にしておきます（フタ側）。

16
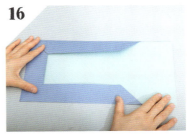
見返し用紙を、折りたたんだ表紙に差し込みます。

83

step 3
封筒を綴じる

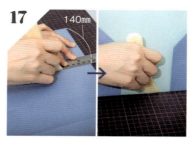

見返しを差し込んだまま表紙を裏返します。左側から140mm内側のところに定規を置いて、ヘラで折り筋をつけて紙を起こします。

定規を外して折りたたみます。ヘラでしっかり押さえましょう。

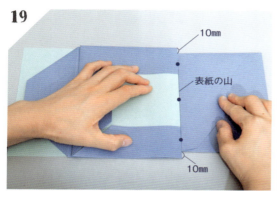

表紙の山になったラインに、11でできた封筒の切り込みを入れた辺を合わせます。表紙と封筒を一緒に綴じるため、表紙のラインに、封筒の切り込みと同じ位置の3カ所に印をつけます。

印をつけたら、カッターで1mmほど切り込みを入れます。

かがり用糸を60cm用意します（P.9の8〜14参照）。封筒の内側から真ん中の穴に糸を通し、表紙の山側に糸を通します。糸は10cmほど残しておきます。

表紙の谷側へ出たら、隣の穴へ糸を通します。そのまま封筒の穴へも通します。

封筒の内側へ出たら、一番端の穴へ糸を通します。そのまま表紙側の穴へも通します。

表紙の谷側へ出たら、真ん中の穴に糸を通します。そのまま封筒の真ん中の穴にも通しましょう。

最初に残しておいた糸とかがった糸を、封筒の内側にある端から端へ渡った糸をはさんで固結びします。5mmほど残して、余分な糸をはさみで切ります。

表紙の内側に封筒が綴じつきました。

step 4
表紙と本文を綴じる

27 表紙の内側を開きます。表紙と封筒を綴じた山折りラインから左右10mm離れたところを谷折りします。ヘラで折り筋をつけましょう。

28 定規をそのままにして折り筋を起こし、定規を外して折りたたみます。反対側も同じように折りたたみます。

29 3でつくった折り丁の背を、折り目のラインに沿って置きます。天地はそれぞれ4mmあけましょう。背の穴5カ所の位置を、折り目のラインの上に印をつけます。

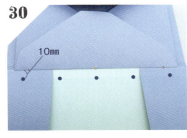

30 折り目に5カ所の印がつきました。

31 目打ちを使って印に穴をあけます。折り目をたたみながら、目打ちを刺しましょう。

32 写真のように表紙の背を折ります。

33 もう1つの背の山に、31であけた穴と同じ位置に、印をつけます。

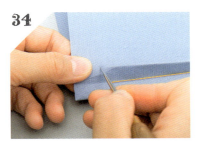

34 背側から目打ちを刺し、内側の谷に通るようにします。

35 背の2つの山に穴があきました。①〜⑯までは糸のかがり順です。

36 かがり用糸を80cm用意します（P.9の **8**〜**14** 参照）。

37

表紙のそれぞれの山の内側から、2つの折り丁を合わせ、折り丁の真ん中の①の穴にのど側から糸を通します。糸は10cmほど残しておきます。

38

そのまま背の穴に通し、外へ糸を出します。

39

もうひとつの背の②の穴に、外側から糸を通します。

40
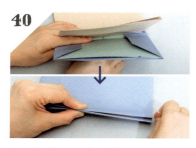
そのまま折り丁の穴にも糸を通し、のどに糸を出します。残した糸が抜けないようにしっかりと引き、2つの背の間に隙間がないようにします。

41
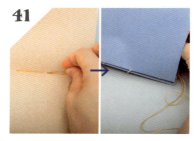
のどに出てきた糸を③の穴へのどから通し、そのまま背の穴へも通します。

42
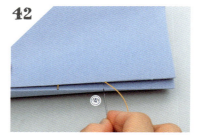
背の外に出た糸を、もうひとつの背の④の穴に外側から通し、そのまま折り丁の穴にも通します。

43

折り丁ののどに出た糸を⑤の穴にのど側から通し、そのまま背の外へ通します。背に出てきた糸を⑥の穴に外側から通し、そのまま折り丁の穴に通します。

44
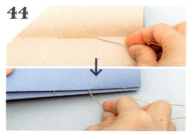
折り丁ののどに出た糸を、⑦の穴へのど側から通し、背の外に出します。そのまま⑧の穴へ外から糸を通し、折り丁ののどに糸を出します。

45

折り丁ののどに出てきた糸は、①の穴を飛ばしてのど側の⑨の穴から通し、そのまま表紙の外へ糸を通します。

46
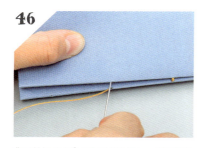
背の外側から⑩の穴に糸を通し、折り丁ののどに糸を出します。

47
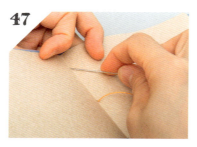
のどに出てきた糸は⑪の穴にのど側から糸を通し、背の外へ出します。

48
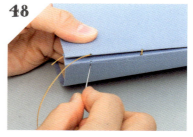
⑫の穴に外から糸を通し、折り丁ののどに糸を出します。

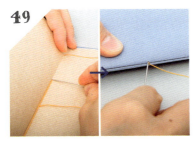

49 折り丁ののどに出てきた糸を、⑬の穴へのど側から通し背の外へ出します。⑭の穴へ外から糸を通し、折り丁ののどに糸を出します。

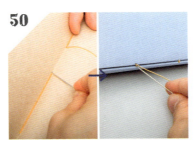

50 折り丁ののどに出た糸を⑮の穴へのど側から通し、背の外へ出します。⑯の背の穴へ外から糸を通し、折り丁ののどに糸を出します。

51 これで①の穴に戻りました。④と⑨の穴へ渡っている糸を、最初に残しておいた糸と出てきた糸ではさんで2回結びます。

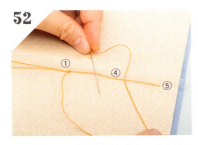

52 結び終わった糸を処理します。④と⑤に渡っている糸の下に針をくぐらせ、さらに①と④に渡っている糸の下にもくぐらせましょう。

53 輪ができるので、その中に糸を通して引くと、④の位置で玉結びができます。

54 好みの長さで糸を切ります。反対側も同じように結んでから切りましょう。

step **5**

フタを
つくる

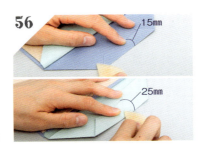

55 飛び出ている見返しの角から、天地と小口へ65mm内側に入ったところに印をつけ、三角に折りたたみます。定規とヘラを使って折り筋をつけて折りましょう。

56 表紙の端は15mm内側へ折りたたみます。見返しの端は、25mm内側へ折りたたみましょう。

57 重なった表紙と見返しの真ん中に、ハトメ用パンチで穴をあけます。

58 ゴムを半分に折りたたみ、両端を穴へ入れます。ノートの天地の長さにゴムを合わせ、ゆるまない程度で調整しましょう。

59 ハトメをゴムと穴の上に置きます。裏側は、ゴムを両側に開いた状態にしておきます。ハトメ用パンチでハトメを留めたら、完成です。

[Chapter 4]
本づくりのテクニックで小物をつくる

豆本、名刺入れ、本の形のアクセサリー……。
サイズを小さくすることで、本づくりのテクニックを活かした小物をつくってみましょう。

夫婦箱の名刺入れ
Card Case

本の表紙を開くように箱を開ける「夫婦箱」。

サイズの違う2つの箱が対になっています。

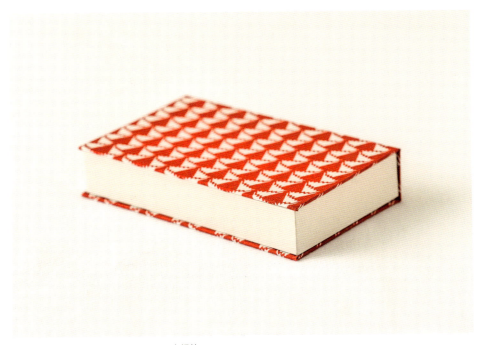

2つの箱を合わせれば、本のカタチの夫婦箱。

夫婦箱の名刺入れ

Finished

23mm
109mm
67mm

材料

・箱用芯材（ボール紙1mm厚）：H120mm×W250mm／Y目／1枚
・表紙用芯材（ボール紙1mm厚）：H120mm×W170mm／Y目／1枚
・箱貼り用紙（ユニテックGA 100kg）：H210mm×W300mm／T目／1枚
・表紙用裏打ち布：H150mm×W250mm／1枚

POINT　本を保存するための夫婦箱を名刺サイズで

本を収めるためにつくられる夫婦箱。対になった箱に表紙をつけた本の形のような箱です。この夫婦箱のつくり方で、実用的な名刺入れをつくってみましょう。

step 1　2つの箱をつくる

1

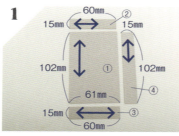

小さい箱用のボール紙を切り出します。

2

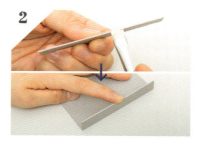

④のボール紙の長い1辺の側面にボンドを塗り、①のボール紙の端に直角にのせます。指で数秒押さえましょう。

3

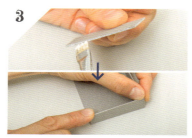

②のボール紙の短い1辺と長い1辺の側面にもボンドを塗り、①のボール紙の上に直角にのせます。③のボール紙も同じように①の上にのせて組み立てます。

4

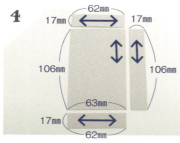

大きい箱用のボール紙を切り出し、小さい箱と同じ手順で組み立てます。

5

小さい箱と大きい箱ができました。小さい箱に大きい箱がかぶさるかを確認しましょう。それぞれの縦、横、厚みをA、B、Cとします。

step 2
箱を紙で包む

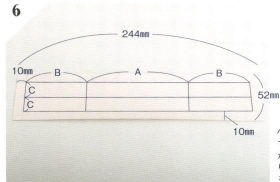

小さい箱に紙を貼ります。紙の裏に箱をあてがって、切り出した箱貼り用紙にABCのサイズを下書きします。

ボール紙のAの側面に水溶きボンド（P.123参照）を塗り、下書きした場所に貼ります。次に、Bの側面に水溶きボンドを塗ります。

角に浮きがないように、きっちりと貼ります。残りの側面にも水溶きボンドを塗り、紙を貼ります。

底面の紙が重なる部分を、はさみでななめに切ります。

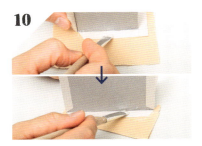

底面の紙の下に捨て紙を敷いて、短い辺、長い辺の順に貼り合わせます。

三辺を底に貼りました。

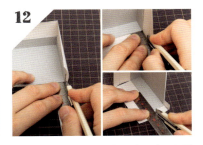

紙を内側に貼るため、ボール紙の角から垂直に、カッターで切り込みを入れます。

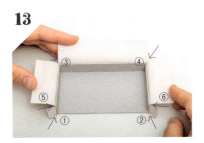

6カ所に切り込みが入りました。

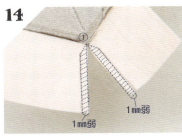

①の角からななめに切り込みを入れ、ボール紙の厚み分より小さい幅で斜線の部分を切り落とします。

水溶きボンドを塗って内側へ貼り込みます。ヘラでしっかりと押さえて直角を出しましょう。

16

②の角も同じように貼り込みます。

17

①と②の角を貼り込みました。

18

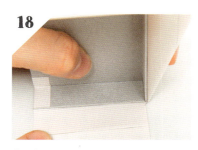

③と④の角も **14** と同じように、角からななめに切り込みを入れ、ボール紙の厚み分より小さい幅で切り落とします。

19

内側へ折り込んで、箱の内側の角の少し離れたところからななめに切ります。

20

短い辺にのりボンドを塗り、内側へ貼り込みます。反対側も同様に貼ります。

21

長い辺も、内側の角の少し離れたところからななめに切り、水溶きボンドで貼ります。

22

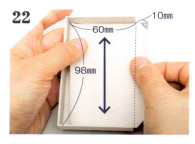

箱の内底に貼る紙を98mm×70mmで用意します。底の裏側まで貼るので、裏側に折り込むところの角をあらかじめななめに切り落としましょう。

23

水溶きボンドを塗って内底に貼りつけ、底の裏側にも折り返して貼ります。

24

大きい箱にも同様に紙を貼ります。56mm×252mmも紙を用意し、**6**〜**22**の手順で貼ります。内底に貼る紙（**22**）のサイズは、102mm×72mmです。

step 3
表紙をつくり箱と合わせる

25

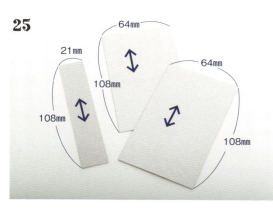

表紙、裏表紙、背表紙用のボール紙をそれぞれ切り出します。

26

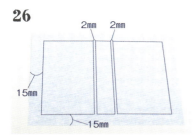

裏打ち布の裏にボール紙を貼る位置を下書きします。

27

のりボンドでボール紙を貼ります。ボール紙の角から2mm離れたところをななめに切りましょう。

28

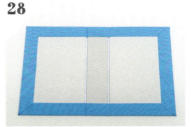

天地左右の順に裏打ち布にのりボンドを塗り、くるみます（P.31の28〜36参照）。

29

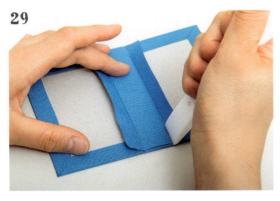

背には、内側から裏打ち布を貼ります。105mm×50mmの裏打ち布を用意し、水溶きボンドを塗って貼ります。みぞの部分をヘラでしっかり押さえましょう。

30

大きい箱の底の裏面に、ボンドを塗ります。

31

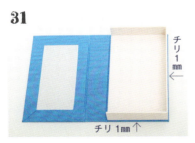

天地小口のチリが1mmになるように、表紙の内側へ貼ります。ヘラで底面をしっかり押さえて固定します。

32

小さい箱の底の裏面に、ボンドを塗ります。大きい箱の上に、底が見えるようにかぶせましょう。

33

表紙をとじて、箱を貼りつけます。

34

チリがあっているか、直角になっているかを確認します。

35

小さい箱の底面を、ヘラでしっかりと押さえて固定し、完成です。

切手入れ豆本
Mini Stamp Album

手のひらサイズの豆本に、
コレクションした切手を入れて。

トレーシングペーパーでポケットをつくった折り丁。

持ち歩いて愛でることもできる、小さくても立派な本。

切手入れ豆本

Finished

55mm
50mm

材料

- 本文用紙（トレーシングペーパー）：A4 /1枚
- 本文をはさむための紙（裏紙100kg）：H50mm×W45mm /T目 /2枚
- 見返し用紙（裏紙100kg）：H50mm×W90mm /Y目 /2枚
- 裏打ち寒冷紗：H45mm×W30mm /1枚
- 表紙用芯材（ボール紙2mm厚）：H80mm×W120mm /Y目 /1枚
- 表紙用裏打ち布：H100mm×W150mm /1枚
- かがり用糸：麻糸（ラミー30/3）
- 平ゴム：5mm幅

POINT 切手のストックにぴったりの豆本

ポケットのある本文を平綴じしたものに見返しをつけて、ハードカバーの豆本をつくります。手のひらにおさまる豆本は、秘めたものを綴じ込むことができる魅力的なもの。作業は細かくなりますが、オリジナルのアイデアをぎゅっと凝縮できます。

step 1 本文をつくる

1 トレーシングペーパーを4分割します。

2 50mmになるように定規とヘラを使って折ります。4枚それぞれ折りましょう。

3 それぞれ、カッターで半分に切ります。折ったトレーシングペーパーが8枚できます。

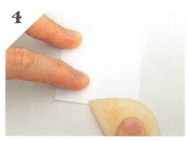

4 折った部分が表になるように、8枚をそれぞれ半分に折ります。

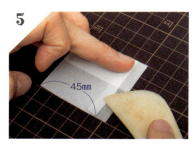

5 左右幅が45mmになるように、端を折ります。裏面も同じように折ります。8枚すべて同じように折ります。

6
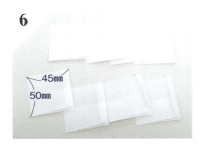
本文が8枚できました。

7
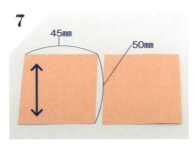
本文8枚をはさむための紙を2枚用意します。

8

7の紙で、6の本文をはさみます。きっちりと天地左右をそろえて、厚みが薄いほうをクリップでとめます。

9

糸で綴じるための穴の位置に印をします。

10

目打ちを貫通させて穴をあけます。ずれやすいので、手でしっかり押さえながら、目打ちをぐっと押しましょう。

step 2
綴じる

11

かがり用の糸を30cm用意し、針に通して留めます（P.29の7〜10参照）。はじめに真ん中の穴に糸を通します。

12
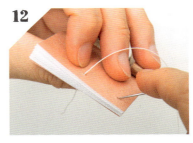
糸を5cmほど残しておき、隣の穴へ糸を通します。

13
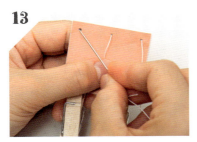
反対側の穴に糸を通します。

14
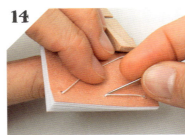
真ん中の穴に糸を通します。

15
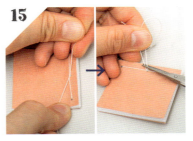
両端に渡った糸を、最初の糸と最後に出た糸ではさみ、1回結びます。3mmほど残して余分な糸を切ります。

step 3
見返しを貼る

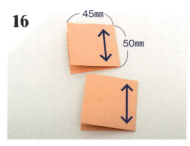

16

見返し用紙を2枚用意し、半分に折ります。

17

本文の背から5mm内側までボンドを塗ります。糸にかぶるように塗りましょう。

18

本文と見返しを天地左右がそろうように貼り合わせます。表と裏、両方とも貼ります。

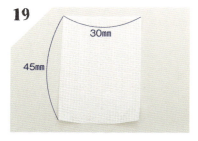

19

寒冷紗を1枚用意します。

20

寒冷紗の裏側にのりボンドを塗り、背側に貼ります。

step 4
表紙をつくり本文と合わせる

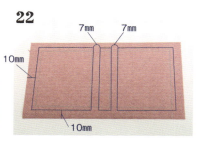

21

表紙、裏表紙、背表紙用の3つのボール紙を用意します。

22

裏打ち布の裏に、ボール紙を貼る位置を下書きします。くるみ部分は10mmにして、余分な布は切りましょう。

23

ボール紙にのりボンドを塗り、下書きの位置に貼ります。ボール紙の角から3mm離れたところをななめに切ります。

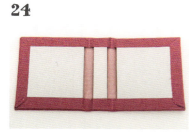

24

天地左右の順に、裏打ち布をボール紙に貼ります（P.31の28〜36参照）。

25

ゴムを通す穴をあけます。裏表紙の内側に、平目打ちを使って穴をあけます。

26

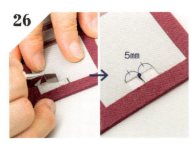

平目打ちの切り込みの両側に、ゴムを埋め込むための凹みをカッターでつくります（P.47 の **39** 参照）。

27

長さ 10cmのゴムを用意し、半分に折ります。スパチュラなど先の細いものを使ってゴムの両端を、表側から入れ込みます。

28

内側につくっておいた凹みにボンドを塗ってゴムを貼り込みます。

29

みぞの部分にのみ、ボンドを塗ります。

30

表紙と本文を合わせます。チリが均等にでているか、直角に合わさっているかを確認します。

31

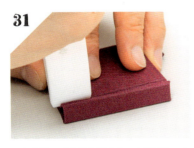

ヘラを使ってみぞを押さえ、本文にしっかりとボンドがつくようにします。

32

みぞが本文につきました。

33

きき見返しの下に捨て紙を敷いて、のりボンドを塗ります。

34

捨て紙を引き抜き、表紙を閉じます。

35

板の角にみぞがおさまるように豆本を置き、表紙を開いて見返しをしっかりと貼ります。手ぬぐいやヘラを使って押しつけましょう。

36

反対側の見返しも同じように貼って、完成です。切手の裏にのりボンドを塗って表紙に貼りましょう。

革装豆本のアクセサリー
Mini Book Accessory

革装の豆本をネックレスに仕立てました。

指先に乗る小さな豆本はアクセサリーとしてのかわいらしさを引き立てます。

折り丁を多くして厚みのある豆本に。
花布もちょこんと顔をのぞかせます。

革装豆本のアクセサリー

Finished

34mm
29mm

材料

- 本文用紙（じしょのかみ）：A4/Y目/1枚
- 見返し用紙（里紙100kg）：H30㎜×W50㎜/Y目/2枚
- 表紙用芯材（ボール紙1㎜厚）：H50㎜×W70㎜/Y目/1枚
- 表紙用の革（0.6～0.7㎜厚の革）：H70㎜×W100㎜/1枚
- 裏打ち寒冷紗：H25㎜×W20㎜/1枚
- かがり用糸：ミシン糸50番
- 花布、クラフト紙
- ヒモ：1㎜Φ

POINT　革を表紙にした豆本をネックレスに

指先にのるほどの小さな豆本にヒモをつけてネックレスにしました。本文用紙には辞書に使われる薄葉紙を使い、きちんと糸で綴じます。ヒモではなくピンを裏表紙に貼りつけて、ブローチにしてもいいですね。

step 1　折り丁をつくる

1. 本文用紙をヘラで半分に折ります。

2. さらに半分に折り、またさらに半分に折ります。

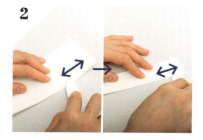

3. 折った部分が背になります。カッターマットのラインに背を合わせて置き、端から5mmのところをカッターで化粧裁ちします。

4. 化粧裁ちした端から30mmをカッターのマス目を利用して切ります。30mm幅で切り落としていくと、6折りできます。

5. 左右幅が25mmになるように小口を化粧裁ちします。

6

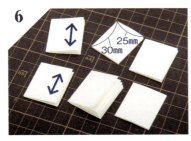

1折り16ページの折り丁が6折りできました。

7

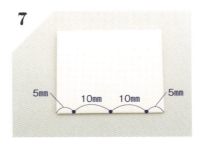

1つの折り丁に目引きの印をつけます。

8

カッターで目引きします（P.36の **3** 〜 **5** 参照）。

step 2
綴じる

9

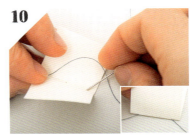

「1本針かがり」で綴じます（P.69の **6** 〜 **30** 参照）。1折りめの端の穴の背から糸（30cm）を通し、糸を5cmほど残します（細い糸の留め方はP.29の **7** 〜 **10** 参照）。

10

のどに出た糸を、一番端の穴にのど側から通します。

11

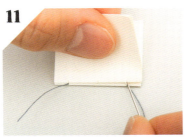

1折りめの上に2折りめを重ね、2折りめの背から糸を通します。

12

のどに出た糸を、真ん中の穴にのど側から通します。

13

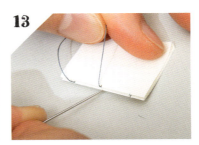

背に出た糸を、1折りめの真ん中の穴に背から通します。

14

1折りめののど側で端から端へ渡していた糸をまたいで、同じ穴から背側へ出します。

15

1折りめののど側です。

16

背に出た糸を、2折りめの真ん中の穴に背側から通します。

17
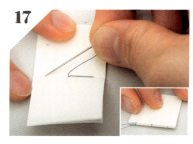
2折りめののどから出た糸を、隣の穴にのど側から通します。

18

1折りめの背に残しておいた糸と固結びします。

19
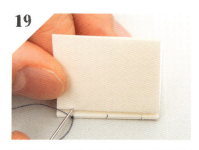
2折りめの上に3折りめをのせ、端の穴に背から糸を通します。のどに出た糸を真ん中の穴にのど側から通します。

20
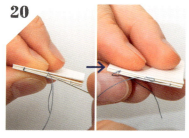
1折りめと2折りめの折り丁の間に針を入れ、1折りめと2折りめをつないでいる糸に引っかけます。

21
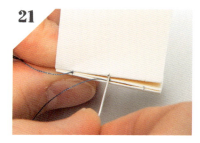
3折りめの真ん中の穴に、背から糸を通します。

22

のどに出た糸を隣の穴にのど側から通し、背へ出します。

23
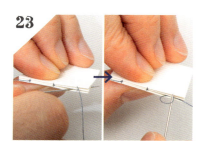
1折りめと2折りめの折り丁の間に内側から外へ針先を入れ、輪をつくります。輪の中に糸をくぐらせ、糸を引きます。これで3折りめと2折りめがつながりました。

24
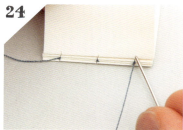
3折りめの上に4折りめをのせて、19〜23と同じように糸を進めて綴じていきます。5折りめ、6折りめも同じ綴じ方です。

25
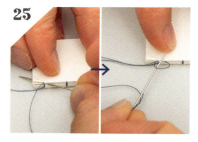
6折りめの最後も、23と同じように折り丁をつなぎます。

26
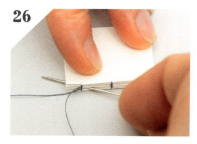
さらに、4折りめと3折りめの折り丁の間に内側から外へ針先をいれて糸を引き、3折りめと2折りめの折り丁の間に内側から外へ針先を入れて糸を引きましょう。

27
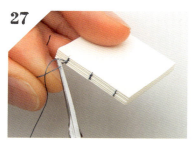
余分な糸をはさみで切ります。

28

6折りを綴じ終わりました。

step 3
背固めをして見返し花布をつける

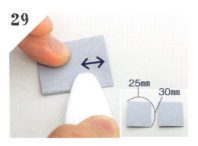

見返し用紙を2枚用意し、それぞれ半分に折ります。

背にボンドを塗り、背固めをします。

余分なボンドをぬぐいながら、指で押さえて折り丁どうしを固定します。

背から2mmの幅に、ボンドを塗ります。

天地左右をそろえて、見返しを貼ります。表と裏に見返しをつけましょう。

寒冷紗を用意し、のりボンドで背に貼りつけます。

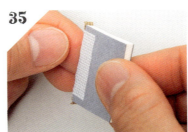

天地に花布をボンドでつけます。

背にクラフト紙を貼ります。25mm×3mm（背幅）をボンドでつけます。

step 4
表紙をつくり本文と合わせる

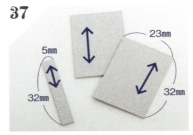

表紙、裏表紙、背表紙用のボール紙を切り出します。

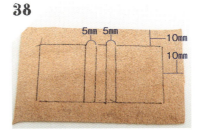

革の裏に、ボール紙を貼る位置をボールペンで下書きします。

39

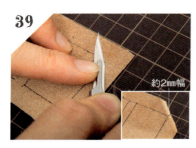

メスまたは革包丁で、四隅をななめに削ぐようにして切り落とします。下書き線の角から2mmほどを残します。削いだ先端は厚みがゼロmmになるように削ぎましょう。

40

丸刃のメスまたは革包丁で、天地のくるみ部分を円を描くように削ぎ落とします。

41

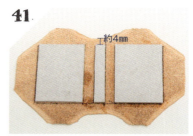

ボール紙にのりを塗り、下書きした位置に貼ります。

42

天地のくるみ部分にのりをしっかりと塗り込み、ボール紙に貼ります。左右も同じようにのりを塗り込んで貼りましょう。

43

左右を貼りつける際に、角の部分はスパチュラを使ってギャザーをよせるように包み込みます。

44

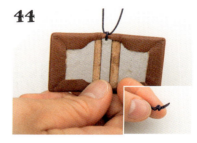

天から4mmのところに目打ちで穴をあけます。ヒモ（約70cm）を通して、天の部分で1回結びます。ヒモの両端は、2本まとめて結んでおきます。

45

背とみぞにボンドを塗ります。

46

表紙に本文を差し入れます。

47

チリが1mmになるように均等に差し入れ、直角の確認をします。

48

みぞをヘラでしっかり押さえ、ボンドが本文につくようにします。本文が飛び出しやすいので、気をつけましょう。

49

見返しの下に捨て紙を敷いて、のりボンドを塗り、捨て紙を引き抜いてから表紙を閉じます。

50

見返しをヘラで押さえてしっかりと貼りつけます。反対側も同じように見返しを貼って完成です。

[Chapter 5]
素材をそろえる

素材選びは、悩みながらも夢がふくらむ、本づくりのたのしみのひとつ。
服のコーディネートと同じように、好みの組み合わせでつくってみましょう。

Paper Serect

紙えらびの
たのしみ

表紙も本文も
組み合わせは無限大

　和紙、洋紙、古い紙、包装紙など、楽しい紙の世界。まずは、紙の目や厚みについての基本（P.125参照）をきちんと理解しましょう。また、紙の特徴を知るのも大事なことです。

　和紙はやわらかくて軽いので、貼り合わせたりせずにそのまま使うと、その良さを生かすことができます。厚い紙は表紙の芯材に使うとハードカバーの本になります。薄い紙を見返しの紙に選ぶと、強度がなくなるので注意しましょう（紙の裏打ちをすると薄い紙にも厚みがでます）。

　紙を選ぶのは、なんだか難しそうな気もしますね……。はじめは身近な紙でつくってみるのもいいでしょう。基本を知ったうえで、ときには冒険もしながら好きな紙で自由に本づくりを楽しんでください。

Fabric Serect

布えらびの
たのしみ

本を彩る
布、革、花布……

お気に入りの布も、裏打ち（P.113）すれば本の表紙に使うことができます。右端のカラフルな布は手帳の改装（P.58）で使用したシルクスクリーンの別刷の布。布に絵を描いたり刺繍をほどこしてもいいですね。そのほかにも、花布、糸やスピン、革……と、本にかかわる素材は多種多様。気に入ったものをそろえておけば、つくりたいと思ったときにぱっと使えて便利です。

裏打ち布のつくりかた

Finished

300mm
250mm

材料

・布（綿・麻・絹など100％のもの）：H250㎜× W300㎜ / 1 枚
　※化学繊維が入っているものは避けましょう
・裏打ち用紙（図引き用紙王国）：H300㎜× W400㎜ / 1 枚
　※クラフト紙、ハトロン紙、包装紙など薄くて丈夫なものは、裏打ち
　用紙として使うことができます。

POINT　お気に入りの布を本の表紙に

手製本で使う布は、布の裏に薄い紙が貼ってある「裏打ち布」と呼ばれるもの。布をそのまま使うと接着剤が染み出してしまうため、裏打ちすることで、布を紙のように扱えます。市販の裏打ち布もありますが、自分の好きな布を裏打ちして使うと作品の幅が広がります。ぜひ、つくってみましょう。

step 1 布を濡らす

1

布を平らな板（机でも可）の上に、布の裏面を上にして置きます。布端からはみ出た糸などは切り取っておきます。

2

セルローススポンジに水をたっぷりとふくませます。

3

スポンジを絞って、布に水をふくませます。

4

布の全面に水が行き渡ったら、スポンジで布を押さえて、布が板にぴったりと貼りつくようにします。

5
布目を整え、糸くずなどを取り除きます。

6
布の上に手ぬぐいを押さえるように置き、余分な水を吸い取ります。

7
布が適度な水を含んで、板にぴたっと貼りついて浮きがない状態です。

step 2
紙を
濡らす

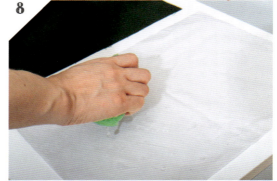
8
裏打ち用の紙を平らな板の上に置き、同じようにスポンジを使って紙に水を含ませます。

9
紙には両面に含ませます。まずは片面に全体的に水が行き渡るようにしましょう。

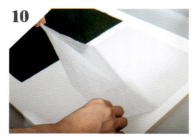
10
そのまま濡れた紙を持ち上げて、裏返します。

11
同じ板の上に置きます。

12
スポンジで水を含ませます。全面に水が行き渡ったら、紙が板にぴったりと貼りつくようにスポンジで押さえます。

13
紙の上に手ぬぐいを押さえるように置き、余分な水を吸い取ります。

step 3
布に紙を裏打ちする

紙の裏にのりボンドを塗ります。筆のコシを使って、しっかりと塗り込みましょう。紙のフチの内側15mmほどは塗らないでおきます。

紙を持ち上げて、のりのついた面が布につくようにかぶせます。

水気をとったスポンジを使い、紙を押さえます。空気を抜きながら中心から押さえましょう。

ボディブラシで紙の上を叩きます。布目の間に紙が入りこむようなイメージでしっかりと叩きます。

布の周囲にあたる紙の部分に、のりを塗ります。

布と紙を一緒に持ち上げて裏返し、布が上になるように別の板の上に置きます。

乾いた後に板からはがしやすくするため、紙の4辺を折っておきます。

板と紙の間に、小さな捨て紙をはさみます。

1日経って完全に乾いたら板からはがします。板と紙の間に挟んでおいた捨て紙を起点にしてはがしましょう。これで完成です。

すてきな素材に出会えるショップリスト

MARUMIZU-GUMI

東京都板橋区南常盤台 1-4-9
サンライズマンション 1F
TEL：03-5995-0052
http://www.marumizu.net/site/
手製本に関する道具や材料がそろう。
通販で購入も可。

製本工房リーブル

東京都文京区本郷 1-4-7 協和ビル 3F
TEL：03-3814-6069
製本の道具と材料を扱うショップ。
マーブル紙も購入可。

竹尾　見本帖本店

東京都千代田区神田錦町 3-18-3
TEL：03-3292-3669
http://www.takeo.co.jp/
紙の専門商社が運営するショールーム。
ファーストヴィンテージや NT ラシャなど、色
紙を多取り扱う。ウェブストアで通販も可能。
2F には「美篤堂ショップ」があり、製本の道具
なども購入可。

紙の温度

名古屋市熱田区神宮 2-11-26
TEL：052-671-2110
https://www.kaminoondo.co.jp/
手漉和紙と世界の紙を扱う専門店。
皮 革 風 の 紙「スキバルテックス」を は じ め
20,000 アイテムもの品ぞろえが魅力的。

紙遊

岐阜県美濃市常盤町 2296
TEL：0575-31-2023
http://www.shiyu.co.jp/
デザイナーによってつくられた美濃和紙「3120」
（http://3120mino.com/）の商品ほか、多数の和
紙製品を取り扱うショップでサイトも充実。
ただし、和紙の購入については、TEL またはホー
ムページから問い合せを。

紙の輪ストア

http://www.kaminowa.com/
東京洋紙店のネットショップ。
本文用紙として使える「ほんのかみ」「じしょの
かみ」を扱う。

タカラ産業

東京都台東区浅草橋 1-21-3
TEL：03-3863-7878
http://www.takara-sangyo.com/
店頭にはお得な端革もあり、革の品ぞろえも豊富。
革漉きも頼むことができる。

ハチマクラ

東京都杉並区高円寺南 3-59-4
TEL：03-3317-7789
http://hachimakura.com/
古い紙小物が店内にはたくさん。
国内外のヴィンテージ紙や、ネパールなど海外の
手漉き和紙なども多数取り扱いが。

CHECK & STRIPE（吉祥寺店）

東京都武蔵野市吉祥寺本町 2-31-1 山崎ビル 1F
TEL：0422-23-5161
http://checkandstripe.com/
シンプルで上質な布が数多くそろう。
無地やチェックから、リバティプリントなどの柄
物まで幅広い。

David & Jonathan

東京都杉並区西荻南 3-18-3
TEL: 03-5370-0039
http://www.d-and-j.jp/
T シャツやトレーナーなど、店舗に併設されたシ
ルクスクリーン工房で刷ったアイテムを販売。
不定期にシルクスクリーンのワークショップも開催
中で、シルクスクリーンが身近に感じられる場所。

[Chapter **6**]

本づくりの
基礎を知る

本についての知識や、本づくりに必要な道具とその使い方を紹介します。
理解を深めて気持ちよくつくることができるようにしましょう。

本のつくりとその名前

本の種類によって構造は少し違いますが、
ハードカバーの本を例に各部の名前を紹介します。

表紙

本の中身を保護するための外装。表表紙、背表紙、裏表紙の3つを指しますが、表表紙のみを表紙ということも多いです。ボール紙を芯材とした厚い表紙のハードカバーや、薄い芯材の薄表紙、紙を巻いただけの表紙もあります。

天

本の上の部分。本を立てたときに上になる側です。天に金箔をはったものは「天金」と呼ばれます。

花布　　　スピン

花布（はなぎれ）

本の中身の背の天地に貼りつけた布。もとは補強のためにつけられていましたが、現在ではおもに装飾のために用いられます。

スピン

「しおりひも」ともいいます。本を読んでいる途中にはさむと便利です。

背

中身を綴じた「のど」の外側の部分。また、その部分を保護している表紙の部分。平らな角背と丸みのある丸背があります。一般的な本の背にはタイトルがあり、本屋さんなどで背表紙を見せて陳列することを「背差し」や「棚差し」と呼びます。

みぞ

表紙を開きやすくするために平（ひら）と背の境目にあるくぼんだ部分。本の中でもっとも動く部分で、表紙ボール紙の厚みの3倍以上の幅がないと本がきれいに開きません。

平（ひら）

表紙の平らになっている部分。一般的な表紙の平には、タイトルや著者などの書誌事項が書いてあります。本屋さんでよく見られる「平積み」という言葉は、この「平」を上に向けて積んでいることからきています。

地

本の下の部分。本を立てたときに下になる側です。

118

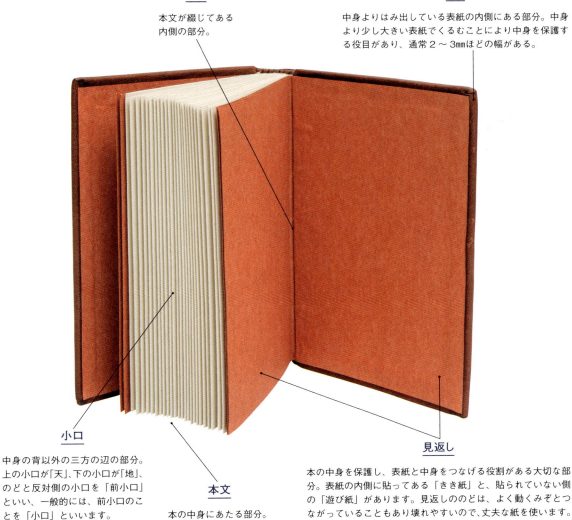

のど
本文が綴じてある内側の部分。

チリ
中身よりはみ出している表紙の内側にある部分。中身より少し大きい表紙でくるむことにより中身を保護する役目があり、通常2〜3mmほどの幅がある。

小口
中身の背以外の三方の辺の部分。上の小口が「天」、下の小口が「地」、のどと反対側の小口を「前小口」といい、一般的には、前小口のことを「小口」といいます。

本文
本の中身にあたる部分。

見返し
本の中身を保護し、表紙と中身をつなげる役割がある大切な部分。表紙の内側に貼ってある「きき紙」と、貼られていない側の「遊び紙」があります。見返しののどは、よく動くみぞとつながっていることもあり壊れやすいので、丈夫な紙を使います。

 Column **本は「折り丁」の集まり**

　本を、天や地からよく見ると、紙の束がいくつか重なっているのがわかります。この束が「折り丁」であり、本の中身を構成するひとつの単位です。1折りでつくる本もあれば、何折りも折り丁を重ねる本もあります。

　1枚の紙を半分に折ると1折り4ページ。半分に折ってまた半分に折ると1折り8ページ。1折り16ページ、1折り32ページなど、紙の厚さやつくりたい本を何ページにするかによって1折り何ページかが決まってきます。また、2ページだけのものは「ペラ丁」と呼ばれます。

　手製本で糸綴じの本をつくるときには、1折り8ページ（のどに2枚の紙が重なっている）以上にし、かがった糸でのどが切れないようにしましょう。

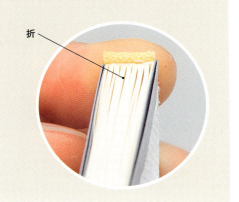

折

119

本づくりに必要な道具

見慣れないものもあるかもしれませんが、基本的には画材店などで手に入ります。つくりたい作品に合わせて道具を集めてもよいでしょう。

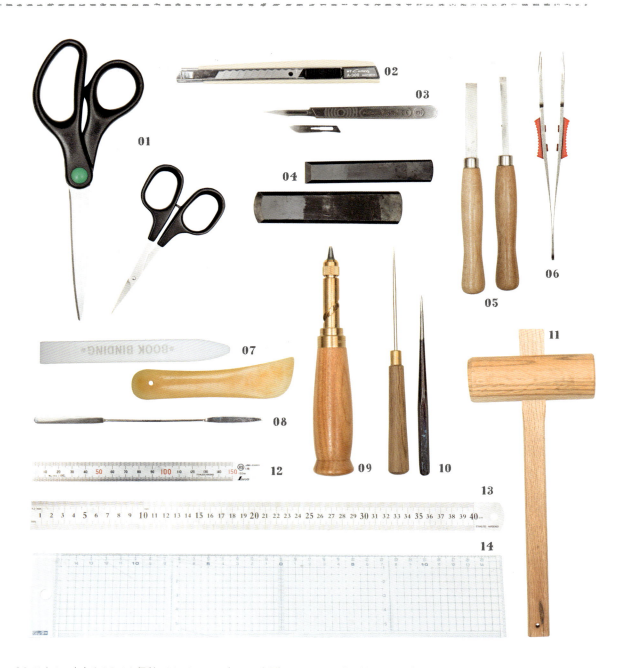

01. はさみ。大小そろえると便利。02. カッター（P.124参照）。03. メス。革を削ぐときに使う。ホルダーと替え刃で分かれており、替え刃は鋭利なものとカーブしたものをそろえて。04. 革包丁。メスと同じく革を使った作品に使う。メスよりも扱いやすいが、細かい作業にはメスを使う。05. 平目打ち。細い線状の穴をあけることができる。06. ピンセット。豆本などの細かい作業に。07. ヘラ（P.126参照）。08. スパチュラ。細い穴にヒモなどを通すときや、細かいところにのりを入れたりするときに便利。09. スクリューポンチ。刃先を替えることが可能で、いろいろなサイズの穴をあけるのに便利。10. 目打ち。綴じ穴をあけるときに。スパチュラの代用になる場合も。11. 木槌。目打ちを叩くときに使う。柄の角はこよりをつぶすときにも便利。12. 金物定規、15cmタイプ。13. 金物定規、40cmタイプ。大小そろえておくと便利。14. 透明定規。透明なので目盛りを紙の直角に合わせて計測の手間をはぶいたり、直角定規としても使うことができる。

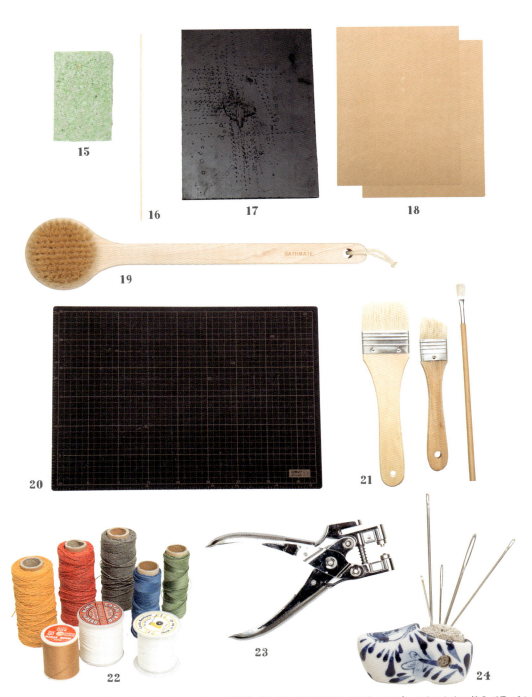

15. セルローススポンジ。裏打ち布をつくるときに（P.113参照）。**16.** 竹ひご。表紙のみぞに入れてプレスするときに使う。**17.** ゴム板。目打ちで穴をあけるときに下に敷く。**18.** 板。プレスをするときに本を板ではさみ、重しをのせて使う。15mm以上の厚みがある平らなものを。**19.** ボディブラシ。裏打ち布をつくるときに（P.113参照）。**20.** カッターマット。マットの方眼線にあわせて直角を出したり、線を合わせることができる。**21.** ハケ、筆。接着剤を塗るときに使う。素材は豚毛やナイロン毛など。毛先が短い方が塗りやすい。大小あると便利。**22.** かがり用糸（麻糸、ミシン糸など）。麻糸は丈夫で伸縮性もないのでかがり用として最適。和綴じには刺繍糸などのやわらかい糸を使う。伸縮性があるとかがりづらい場合もあるが、好みの糸で綴っていろいろ試してみてもよい。**23.** ハトメパンチ。これ1つで穴あけとハトメ留めの両方ができて便利。**24.** 綴じ針（製本用の針）。刺繍針で代用できる。先がとがっていると紙を傷めるので先の丸いものを。

本づくりに必要な道具

のり

のりは、手製本に欠かせない大切な接着剤です。
用途に合わせて使い分けることができるようにしましょう。

のり

でんぷんのり。いろいろな種類がありますが、本書では市販の「フエキのり」を使っています。和紙や革など、作品に「固さ」を出したくないときに使います。

のりボンド

のりにボンドが混ざったもの。市販されていないので自分でつくります（P.123参照）。手製本では一番よく使うのりです。貼り間違えたときでも、すぐにはがせば貼り直すことができます。塗った後にはできるだけプレスをして次の作業を進めると、きれいに仕上がります。

水溶きボンド

ボンドを水で溶いたもの（P.123参照）。ボンドよりも塗りやすいので、面積が広いときや、プレスできない箱をつくるときなど（P.93参照）に使います。

ボンド

水性の木工用ボンド。強度が強いという利点がある一方、乾きが早いので一度貼ると貼り直しができないという欠点も。プレスできない凹凸部分や、すぐにしっかり貼り合わせたいときに使います。

のりの塗り方

のりの塗り方にもコツがあります。
塗りすぎや、塗り忘れがないようにしましょう。

1

紙の下に捨て紙（P.127参照）を敷きます。

2

筆のコシを使い、筆先を外側へ押し出します。筆の動きは内側から外へ放射状にし、余分なのりを捨て紙へ押し出します。

3

全面に塗るときは、のりの上から指先で紙をしっかり押さえます。全体をムラなく塗ります。

のりボンドのつくり方

のり、ボンド、水を使って「のりボンド」をつくります。保存の目安は約1カ月。完全密閉すると劣化しやすいので、適度に通気して保存します。

1

フエキのり、木工用ボンド、水を用意します。フエキのりを深さがある容器に入れましょう。

2

水を少しずつ加えながら、ヘラでかき混ぜます。

3

一度に水を入れると混ぜにくいので何回かに分けて水を入れ、その都度よくかき混ぜます。

4

ヘラを持ち上げたときに、のりが糸のようにすっと垂れたら、ちょうどよい固さです。この状態になるまで、水を少しずつ入れて混ぜましょう。

5

のり10に対して木工用ボンド1の割合で、ボンドを容器に入れます。

6

ボンドを入れて、さらによくかき混ぜます。

7

ボンドがよく混ざったら、完成です。

Point

のりを筆に含ませたら容器の縁で押さえてのりが毛先にまとまるようにします。

水溶きボンドのつくり方

基本的にはのりボンドと同じ要領です。ボンドと水を混ぜ合わせてつくります。

1

ボンドを容器に入れて、水を少し入れます。

2

ヘラを使って、水とボンドをよくかき混ぜます。

3

筆で塗りやすい固さになれば、完成です。

知っておきたいテクニック

本づくりに紙を切ることと折ることは欠かせません。
カッターやヘラの使い方、紙を扱うときに注意することを紹介します。

カッターの使い方

「こんな基本から?」と思う方もいるかもしれませんが、
実はあなどれないカッターの使い方。あらためて確認してみましょう。

POINT　カッターはナイフ持ち? おはし持ち?

紙を切るときにカッターをどうやって持っていますか。人差し指だけをカッターの上に置いて、フォークとナイフを持つように握る方も多いと思います。この持ち方は間違いというわけではないのですが、手首がぶれて左右にぐらつき安定しません。そこで、おはしやえんぴつを持つときのように握ってみましょう。薬指と小指は地面に置いたままカッターを動かすと安定します。また、カッターの刃は1〜2目盛り分出して、ぐらつかないようにします。

POINT　カッターで紙を切るコツ

紙を切るときは、立って作業すると力が入りやすくなります。豆本や細かい作業のときは座っていてもいいですが、立つことでひじを真っ直ぐ後ろに動かして切ることができます。カッターは奥から手前へ縦に動かし、刃は直角に、定規に刃先を沿わせて切りましょう。鉛筆で線を書くような感じで力を入れすぎないこと、重なった紙や厚い紙の場合には、1回で切ろうとしないで、何度もカッターを動かします。「切れ味が悪いな」と思ったら、刃を折って新しい刃に替えましょう。定規をしっかりと押さえることも重要です。

紙を直角に切り出す

使う紙に直角がないと、サイズを測り間違えることがあります。
端紙(はがみ)の四隅を直角にしてみましょう。

1
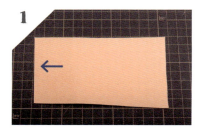

まず、端紙の1辺のみを定規とカッターで真っ直ぐに切ります(左の短辺)。

2

カッターマットの横線に、真っ直ぐになった短辺を合わせ、長辺はマットの縦線から少し出します。縦線に定規をあわせて置き、カッターで切ります。

3
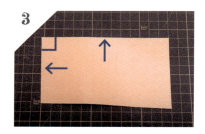

短辺と長辺が真っ直ぐになり、直角がひとつできました。

4
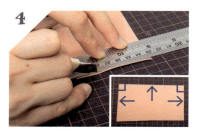

2と同じように今度は長辺を横線に合わせて、短辺を切ります。短辺、長辺、短辺と真っ直ぐになり、直角が2つできました。

5

2と同じように、マットの線に合わせて残りの長辺を切ります。

6
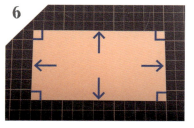

すべての辺が真っ直ぐに、角もすべて直角になりました。マットのマス目に合わせて確認してみましょう。

サイズを測って紙を切る

測るときは目盛りが見やすい透明定規を。切るときは重みもあり、カッターの刃で削れることがない金物定規と、使いわけてみましょう。

1 四隅に直角がある紙を用意します。透明定規を紙の上に置き、定規の目盛りを端の辺、下辺に合わせます。端から切り出したい長さを測って印をつけます。

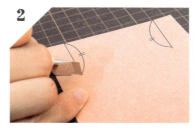

2 同じように、紙の上辺の近くにも切り出したい長さのところに印をつけます。端の辺に対して平行に、同じ長さの位置で上下2か所の印がつきました。

3 下辺に近い印にカッターの刃先を合わせてから、刃先に金物定規を沿わせます。

4 下辺に近い印からカッターと金物定規をずらさないように固定したまま、金物定規を上辺に近い印に合わせます。

5 金物定規を動かないようにしっかりと押さえながら、カッターを上から下へ動かして切ります。

Column 紙の厚み

紙の厚みは「kg」で表されます。原紙1000枚の重さのことで、重いものほど厚みがあります。本の種類や構造にもよりますが、本文には40〜150kgほど、見返しは強度が必要なので薄い紙は避け、90〜130kgほどの紙を選びましょう。

Column 「紙の目」を知る

なにげなく手にしている身近な紙ですが、紙には「目」があります。紙で遊んでいると、裂けやすい方向や折りやすい方向があることに気づくでしょう。それが紙の繊維の流れである「目」です。

紙の目は、手製本ではとても大切な知識です。本の天から地へ紙の目は流れています。本文紙も表紙の芯材も、天から地へ目が流れるようにそろえましょう。逆目になると、のどにシワがよったり、本がゆがむ原因になります。

紙の目は、その紙の長辺に平行に目があることを縦目（T目）、短辺に平行に目があることを横目（Y目）といいます。もともとY目の紙でも、切り出したときに、その切り出した紙がT目になることがあります。販売しているものにはT目とY目の表記がありますが、その表示は基本的に原紙サイズの紙の目です。カットして販売されている場合には逆目の場合があるので、必ず目を確かめましょう。紙を曲げやすい方向、破きやすい方向、水で濡らすとカールする方向などの方法で紙の目を確かめることができます。

縦目（T目）の紙

横目（Y目）の紙

ヘラの使い方

和裁用のヘラがあると、紙を折る、折り筋をつける、みぞを押さえる、など多様に使うことができます。紙用のテフロンヘラもあると便利です。

和裁用ヘラ

牛骨のヘラ。

テフロンヘラ

フッ素樹脂のヘラ。

POINT　まずは和裁用ヘラを

和裁用のヘラは、紙の折り筋をつけたり、背固めで背をしごくことができます。ヘラの先端は折り筋をつけることができるように、とがった状態にしましょう。骨のヘラは、やすりで削って自分好みにヘラを整えることができます。細かい作業に向いています。

POINT　テフロンヘラもあると便利

テフロンヘラは紙を押さえてこすってもヘラの跡がつかず、紙を傷めずに折ることができます。紙を折るときや、紙の広い面を押さえるとき、本のみぞを押さえるときなど用途はいろいろなので、1つ持っているととても便利です。

POINT　サイズを測って紙を折るときは和裁用ヘラを

折りたい位置の長さを測って紙を折るときは、和裁用ヘラを使いましょう。

折りたい位置に定規を置き、ヘラの先端を定規に沿わせて奥から手前に引いていき、折り筋をつけます。

折り筋がついたら、定規をそのままにして、折り筋から紙を直角に起こします。

定規を外して紙を倒し、折り筋をしっかりとヘラで押さえます。

Other technique

本づくりにまつわる用語集

プレス

手製本においてプレスは欠かせません。のりを使う場面はもちろんのこと、折った紙を落ち着かせるためにプレスをすることもあります。見返し貼りをした場合には必ずプレスをして1日置きましょう。また、のりボンドを使って貼り合わせたものについてはそのつど軽くでもいいのでプレスをすると、きれいに仕上がります。プレスに必要なものは、平らな板と、重しです。重しは、厚い辞書、漬け物石など身近なものでかまいません。

捨て紙・ワックスペーパー

捨て紙とは、のり引き紙ともいい、のりを紙に塗る際に紙の下に敷く不要の紙のことです。クラフト紙や茶封筒など、家庭にあるいらない紙でかまいません。ワックスペーパーは、見返し貼りの際に使います。きき紙にのりを塗ってプレスするので、きき紙とあそび紙の間にワックスペーパーをはさみ、のりがにじみ出て、あそび紙につかないようにします。

背固め

糸でかがった背は、折り丁どうしはつながっているものの、まだ不安定です。のりを背に塗ってヘラでこすることで、折り丁と折り丁の間にのりが入り込みます。この作業「背固め」によって折り丁どうしが連結し、背がしっかりと安定します。

寒冷紗・クータ

寒冷紗は、背の補強に使うガーゼのような布です。この本では、紙で裏打ちしてあるものを使っています。クータは、本文の背に貼る筒状の紙です。本を開いたときに、本文と背表紙の間に空洞ができるので、クータをつけて背の負荷を減らし補強します。

目引き

糸で紙をかがる際に、折り丁の背に針を通す穴をあけることです。この本では、カッターで目引きをする方法を紹介しました。これとは別に、のこぎりを使う方法もあります。折り丁をまとめてボール紙ではさんだあと、背を出した状態でプレスし、目引き位置をのこぎりで引くと、すべての折り丁に同じ位置に穴があくしくみです。

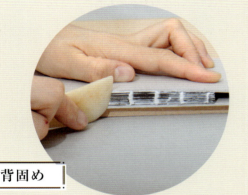

ヨンネ（植村愛音）

1977年生まれ。書店店員、公立図書館勤務を経て、図書の修理に興味を持つ。「本をつくることができれば、本の修理につながる」という思いから、2007年より「手製本工房まるみず組」にて手製本の技術を学ぶ。2011年から「古本と手製本ヨンネ」として、本の修理や少部数の注文製作を行いながら定期的に手製本教室を開催。カフェや図書館での出張ワークショップなども実施し、幅広い年代に支持されている。まるみず組カリキュラム講師。

古本と手製本ヨンネ
http://yon-ne.com/

ハードカバーから豆本、手帳、アルバム、名刺入れまで

はじめて手でつくる本

発　行	2015年12月15日　初版第1刷発行
著　者	ヨンネ
発行者	澤井聖一
発行所	株式会社エクスナレッジ 〒106-0032 東京都港区六本木7-2-26
問い合わせ先	編集　Fax:03-3403-1345 　　　info@xknowledge.co.jp 販売　Tel:03-3403-1321 　　　Fax:03-3403-1829

無断転載の禁止
本誌掲載記事（本文、図表、イラストなど）を当社および著作権者の承諾なしに無断で転載（翻訳、複写、データベースへの入力、インターネットでの掲載など）することを禁じます。